Bien dans sa peau sans vouloir celle des autres

Consultez nos parutions sur dunod.com

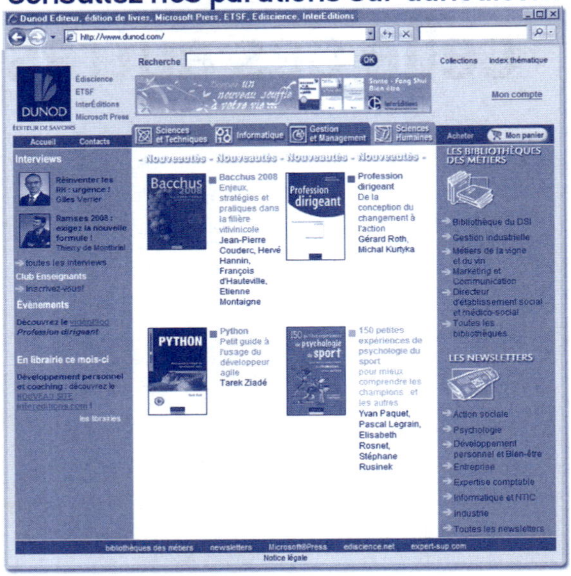

Bien dans sa peau sans vouloir celle des autres

Optimisez votre Potentiel Relationnel

Jean-Louis Fel

avec la collaboration de
Sylvie Baussier

DUNOD

ISBN 978-2-10-054116-4

Remerciements

Je souhaite remercier :

Tous ceux qui, en croisant mon chemin, m'ont permis d'apprendre et de grandir.

Les Femmes et les Hommes du réseau CERFRANCE (clients, directeurs, collaborateurs) avec qui je partage les mêmes valeurs.

Le CJD (Centre des Jeunes Dirigeants) et l'APM (Association Progrès Management), mes deux véritables Ecoles.

Mes amis et l'équipe Vakom de me permettre d'être ce que je suis.

Mes enfants d'être ce qu'ils sont.

Table des matières

Préambule

Un homme se promène sur le trottoir à la nuit tombée. Il aperçoit un autre homme accroupi au pied d'un réverbère. Il s'approche, prêt à aider, et demande :

« Vous avez perdu quelque chose ?

– Oui… Je ne retrouve pas mes clés, elles viennent de tomber…

– Je vais chercher avec vous ! »

Le temps passe. Ils ont fouillé partout, pas de clés. Le promeneur insiste :

« Vous êtes sûr d'avoir perdu vos clés ici ?

– Non, pas ici, mais 20 mètres plus loin…

– Ah bon ? Mais alors, pourquoi les cherchez-vous sous ce réverbère ?

– Eh bien, c'est que, là, il y a de la lumière ! »

Que penser de cette histoire ? Souvent, quand un problème se pose à nous, nous essayons d'y apporter des solutions qui nous rassurent. Ainsi, dans une entreprise, on cherche de meilleures organisations, des solutions concrètes. Or souvent il faudrait surtout améliorer les relations entre les personnes. Mais nous ne savons pas par quel bout les prendre… Nous y voyons si mal !

Je propose, grâce à l'OPR®, de mieux comprendre ce domaine qui nous semble tellement irrationnel, celui des relations humaines.

Vous trouverez dans ce livre :

- une nouvelle façon, originale, de conduire les événements ;
- une manière de créer des relations chaleureuses et conviviales avec votre entourage ;
- une méthode éprouvée pour vous guider dans vos contacts et votre travail ;
- un outil concret qui améliorera l'efficacité autour de vous.

Introduction

Mais pourquoi votre file de voiture avance-t-elle encore moins vite que celle d'à-côté ? Vous veniez juste de l'emprunter parce qu'elle semblait plus fluide !

Bloqué dans les bouchons, vous récapitulez ce qui vous est arrivé depuis que votre réveil n'a pas sonné, ce matin. Vous vous êtes levé en catastrophe, et quand vous avez « déboulé » dans la cuisine, ni pain, ni beurre ! La chemise que vous vouliez enfiler n'était pas repassée. Maintenant, à cause de cette fichue circulation, vous voilà en retard. Vous n'avez pas de chance !

Enfin arrivé sur votre lieu de travail, vous croisez des collègues. Certains vous saluent avec un sourire. À la question « Comment ça va ? », vous répondez, tendu comme une corde prête à céder : « Comme un lundi… ».

Vous vous réfugiez dans votre bureau laissé en désordre vendredi soir, en espérant que personne ne vous dérange. La journée s'annonce mauvaise. Vous n'avez vraiment pas de chance… Pauvre Caliméro !

On frappe ! Même pas le temps de vous plaindre tranquillement à vous-même ! Vincent entre sans attendre d'y être invité. Il ne manquait plus que lui… Vincent le « Je sais tout mieux que les autres », le donneur de leçons. Bon, voyons ce qu'il veut... Tiens, Vincent vous sourit ! Il est aimable, et paraît content de vous voir. C'est louche : il vous apporte le dossier dont vous alliez avoir besoin ce matin. C'est bien connu, quand on est trop gentil, on cherche à abuser les autres. Mieux vaut se méfier, cela évite d'être déçu... Vous allez lui montrer qu'à vous, « on ne la fait pas ». Vous allez vous défendre ! Vous montrer aimable serait une preuve de faiblesse.

Vous rembarrez ce Vincent trop gentil pour être vrai – ce qui n'est pas dans ses habitudes –, et enfilez mentalement votre tenue de Robocop. Après avoir été Caliméro, vous voilà dans le rôle programmé du redresseur de torts dénué d'émotions.

Et vous, lecteur, vous reconnaissez-vous dans ces deux attitudes : Caliméro, qui trouve toujours que « C'est vraiment trop injuste », et Robocop, pour qui « Tout est de leur faute » ?

Êtes-vous parfois ce Caliméro qui se plaint de tout, triste et négatif, qui n'a pas de chance et risque d'agacer ses collègues au point de se retrouver esseulé ?

Êtes-vous parfois ce Robocop agressif, qui critique tout, ne fait pas confiance, celui que ses collègues redoutent ?

Peut-être allez-vous objecter que vous n'avez pas le choix... La vie, votre environnement, tout vous oblige à vous comporter ainsi, à endosser ces rôles... Car nous parlons bien là de « rôles » que l'on reproduit, parfois sans s'en rendre compte. Pourtant on a toujours le choix de les jouer ou non. Ce sont des programmes. À chacun de les subir, de les atténuer : de choisir son comportement.

Vous allez découvrir dans ce livre que vous pouvez cesser d'interpréter un rôle pour être vous-même. Vous allez également découvrir comment aider des personnes de votre entourage à « enlever les masques » et à faire évoluer leurs comportements nocifs. Car quel que soit l'événement, c'est votre façon d'y réagir qui vous procurera plaisir ou souffrance, relations riches ou conflictuelles. Vous allez pouvoir développer le potentiel relationnel qui est en vous et autour de vous grâce à la méthode OPR® (Optimisation du potentiel relationnel).

Caliméro et Robocop sont deux comportements que tout individu peut avoir assez facilement. Qu'est-ce qui les provoque ? Une croyance très répandue, selon laquelle nous subissons notre environnement. Qu'apportent-ils ? Des résistances entre les personnes, une difficulté à travailler en équipe... Comment les éviter ? En apprenant à mieux connaître son mode de fonctionnement. Par exemple, le Vincent de cette histoire est sans doute perçu comme agressif parce qu'il est direct. S'il travaille sur son mode de fonctionnement, il peut apprendre à « mettre les formes », et donc atténuer ses manières un peu brutales... Tout en continuant à dire ce qu'il pense.

La méthode OPR® permet d'agir sur les comportements. Il ne s'agit ni d'intelligence ni de compétences, mais bien de préférences. Elle permet de comprendre de manière simple ce qui nous donne l'envie d'agir, ce qui nous procure du plaisir, ce que nous aimons faire dans la durée : car on ne fait bien longtemps que ce que l'on aime. Elle permet aussi à chaque personne de mesurer avec objectivité les forces et les faiblesses de sa communication, et les effets de sa relation avec l'autre. Car on a autour de soi les relations que l'on mérite.

Et vous, comment fonctionnez-vous ? Vous allez sans doute vous reconnaître dans l'un des personnages de l'histoire suivante. Et commencer à cheminer pour être bien dans votre peau...

Partie 1

Bien dans sa peau

Sommaire

Chapitre 1

À chacun son profil

- Une matinée avec Pierre, Sibille, Aimée et Vincent
- Comportements et profils

Une matinée avec Pierre, Sibille, Aimée et Vincent

(Toute ressemblance avec des personnes lisant ce livre ne serait pas seulement le fruit de leur imagination.)

Le radio-réveil de Pierre se déclenche à 6 h 28, et les informations en continu envahissent la chambre de leur murmure. À 6 h 29, le téléphone portable confirme : il est bien l'heure de se lever. Le pied droit de Pierre, puis le gauche, se nichent dans les chaussons, préparés la veille à l'endroit idéal. Il est pile 6 h 30. Pierre se dirige vers la salle de bain d'un pas mesuré. Il presse soigneusement la base de son tube de dentifrice pour en extraire la juste dose, et retourne le sablier afin de respecter les 3 minutes de brossage réglementaires. Au sortir de la douche, il étend son drap de bain sur le séchoir chauffant, les coins bien parallèles. Il se rase de près et descend prendre son petit-déjeuner dans son peignoir fraîchement repassé. La cafetière, programmée la veille pour 6 h 35, répand déjà dans la cuisine une appétissante odeur.

Pierre tartine une noisette de beurre sur une biscotte, un peu de gelée de groseille sur une autre, puis se verse une tasse de café noir, dosé comme il l'aime. À 6 h 50, comme tous les matins, Pierre remonte l'escalier, et s'habille avec les vêtements préparés la veille sur son valet : chemise, cravate, costume. Il lace ses chaussures cirées et redescend, fin prêt. Il sort de sa maison, tire les trois verrous, de haut en bas, et enclenche l'alarme. À 7 h 15, Pierre, au volant de sa voiture, ouvre le portail électrique, et s'éloigne de sa maison calme, située en pleine campagne. Il ne risque pas d'être en retard, et c'est tant mieux : il doit recevoir une candidate au poste de responsable commercial pour l'entreprise qu'il dirige.

Le même jour, à 5 km de là, en plein centre-ville, Sibille se lève d'un bond, cherchant désespérément sa montre. Déjà 7 heures ! Elle voulait se réveiller à 6 h 30, pour se préparer au mieux à l'entretien d'embauche qu'elle doit passer dans la matinée. Mais la veille, elle a encore oublié de programmer son réveil ! Sibille ouvre son dressing à la volée. Elle attrape un chemisier de soie verte acheté sur un coup de cœur et déniche la jupe qu'elle veut y assortir. Tout en enfilant son collant, elle sautille jusqu'au portemanteau et constate, soulagée, que sa veste fétiche s'y trouve bien. Abandonnant sa chambre en désordre, Sibille se précipite dans la cuisine. Elle avale son thé vert et son yaourt bio debout, fouillant son sac de l'autre main à la recherche de ses clés. Elle les a trouvées ! Négligeant l'ascenseur, elle dévale l'escalier de l'immeuble. Un regard à droite, un autre à gauche : sa voiture ne doit pourtant pas être garée bien loin ! Elle l'aperçoit enfin, s'installe au volant, se maquille les lèvres au premier feu rouge, les yeux au second… Tout en réfléchissant à son entretien d'embauche : l'annonce l'a séduite, elle espère pouvoir s'épanouir dans ce poste ! Son profil ne correspond pas tout à fait à la demande, mais elle est persuadée qu'elle saura convaincre son interlocuteur.

À 8 h 05, Aimée arrive dans les locaux de la société que dirige Pierre. La lumière brille déjà dans le bureau de Vincent. Comme souvent, Vincent est arrivé le premier, pour travailler en paix. C'est d'ailleurs dans ce but qu'il a loué un appartement tout proche de son travail ! Aimée sourit intérieurement, pleine de sympathie pour son collègue. Elle est contente de ne pas être arrivée la première : elle va pouvoir prendre un café en sa compagnie ! Aimée allume son ordinateur et consulte ses e-mails : elle est ravie de voir que tant de gens ont répondu à ses messages de la veille. Ensuite, elle vérifie sur son agenda : formidable, deux réunions dans la journée ! Elle aime ces moments d'échanges. Elle jette un coup d'œil au planning de Pierre, son responsable : il reçoit une jeune femme à 8 h 45 pour un entretien d'embauche. Il arrivera à 8 h 30, comme toujours, après être passé à l'atelier afin de vérifier que tout s'y passe bien.

Munie de monnaie, Aimée prend au distributeur un café sucré pour elle, et un autre, long et sans sucre, pour Vincent, car c'est ainsi qu'il le préfère.

Vincent, depuis son bureau, a entendu Aimée arriver. Il devine que, comme presque tous les jours, elle va lui apporter le café qu'il n'a pas pris le temps de s'offrir, et l'idée du chaud breuvage le ravit d'avance. Vincent est déjà devant son ordinateur ; il a vérifié les virements de la veille, et s'attaque maintenant aux statistiques envoyées par les quatre agences du groupe. De temps en temps, il jette un œil sur la liste de priorités qu'il a établie la veille, il raye des lignes, en ajoute...

On frappe à sa porte. Aimée va sans doute apparaître, encombrée de ses deux gobelets fumants... Il apprécie cette attention, et en même temps il redoute ce moment de pause qui va forcément le retarder. Aimée va engager la conversation, lui demander comment s'est passée sa soirée au cinéma, si le petit dernier s'est sorti de son rhume...

Pari gagné ! C'est bien Aimée qui entre, dépose le café, que Vincent tient à lui rembourser tout de suite, comme tous les matins. Vincent répond un peu distraitement à l'aimable babillage de sa collègue, tout en faisant défiler les fichiers urgents sur son écran. Il espère qu'Aimée va finir par comprendre qu'il a du travail, lui, qu'il est organisé et n'a pas de temps à perdre. Il apprécie Aimée pour ses compétences, mais il la trouve un peu envahissante, parfois même indiscrète, dans son besoin de parler d'autre chose que du travail.

Son café avalé, Aimée laisse Vincent à son ordinateur et regagne son propre bureau. Elle est un peu frustrée, mais pas étonnée. Elle aime bien Vincent malgré son côté caustique, direct, toujours sous pression. Il manque décidément de chaleur humaine.

Pierre franchit la porte du siège de sa société à 8 h 29. Il salue d'un discret signe de tête tous les collaborateurs qu'il rencontre. Après avoir posé son cartable dans la case de son bureau prévue à cet effet, il se rend dans le bureau d'Aimée, son assistante, pour prendre le dossier préparé ensemble la veille, lié à l'entretien d'embauche d'un responsable commercial.

À 8 h 47, avertie par un coup de fil de l'accueil, Aimée prévient Pierre que son rendez-vous est arrivé. Pierre regrette le léger retard de Sibille, lui si ponctuel. Aimée descend accueillir Sibille, très ressemblante à la photo qui figurait sur son CV. Elle trouve la tenue de Sibille plutôt originale, mais elle se demande si la veste rouge et le chemisier de soie verte ne forment pas une association trop audacieuse. Elle est pourtant séduite par cette jeune femme vive, pimpante, souriante, avec qui les présentations sont simples et dynamiques. Elle se demande bien comment Pierre, si conventionnel, va réagir face à une jeune femme si pétillante !

Après avoir frappé discrètement à la porte de son supérieur, Aimée introduit Sibille. Pierre se lève galamment pour accueillir son rendez-vous. Aimée est saisie par le contraste que forment le costume trois pièces gris anthracite et le tourbillon rouge et vert.

Pierre s'approche de son fauteuil, disposé près de la table ronde, et invite la visiteuse à prendre place. Il avait prévu que Sibille s'installerait face à lui, comme c'est l'usage, et il est un peu désemparé de la voir s'asseoir tout naturellement à sa gauche, près de lui. Il ne perd pas le fil pour autant. Il prend le temps de bien expliquer à Sibille les différentes étapes de l'embauche, puis reprend ligne par ligne le CV de la candidate, demandant ici une précision de date, là une explication sur un poste qu'elle a brièvement occupé. Il appelle ensuite Vincent pour qu'il communique des informations d'ordre financier. Sibille trouve aussitôt Vincent froid, presque cassant, trop technicien, et elle se demande comment elle pourra travailler comme elle l'aime, avec une forte autonomie et une liberté totale, entre un patron si soucieux des détails et un directeur financier qui lui paraît bien rigide… Une fois Vincent reparti à ses urgences, Pierre donne enfin la parole à Sibille ; il est décontenancé par la rapidité de cette jeune femme, et sa faculté à passer à toute vitesse d'un aspect de la question à un autre sans perdre le fil.

À la fin de l'entrevue, alors qu'ils se serrent la main en souriant, chacun des deux se sent un peu déçu : Pierre, par la désinvolture de Sibille, Sibille, parce qu'à la lecture de l'annonce elle avait espéré que ce poste serait plus ambitieux et lui donnerait surtout plus de liberté d'action.

Tout en raccompagnant Sibille à l'accueil, Aimée espère que l'entretien s'est bien passé : elle verrait bien cette jeune femme dynamique et entreprenante occuper le poste vacant. Et apporter une pointe d'originalité à l'entreprise. Quant à Sibille, elle apprécie la poignée de main chaleureuse d'Aimée, son sourire bienveillant : elle y trouve ce qui lui a manqué dans cet entretien de recrutement.

Comportements et profils

› Comment avez-vous trouvé Pierre ?

- Est-il trop pointilleux à votre goût ?
- Trop maniaque ?
- Appréciez-vous sa ponctualité ?
- Son sens du détail ?
- Sa précision dans tout ce qu'il entreprend ?
- Sa discrétion ?

› Comment avez-vous trouvé Sibille ?

- Aimez-vous sa vivacité ?
- Son amour de la liberté ?
- Appréciez-vous son originalité ?
- La trouvez-vous trop dispersée ?
- Pas assez organisée ?

› Comment avez-vous trouvé Aimée ?

- Est-elle trop indiscrète pour vous ?
- Envahissante ?
- Appréciez-vous son style chaleureux, son goût du contact ?
- Êtes-vous sensible à l'attention qu'elle porte aux autres ?
- Trouvez-vous au contraire que ces efforts constituent une perte de temps ?

› Comment avez-vous trouvé Vincent ?

- Le trouvez-vous efficace ?
- Trop froid ?
- Calculateur ?
- Appréciez-vous son sens de l'organisation ?

En fonction de vos affinités avec un ou plusieurs des personnages, vous allez peut-être découvrir celui qui vous ressemble le plus. Le fait qu'il s'agisse d'une femme ou d'un homme dans cette histoire n'est pas important : ce qui compte, ce sont les comportements décrits. Dans la suite de ce livre, avec la méthode OPR®, je vais vous aider à brosser peu à peu le portrait de vos propres comportements.

Chapitre 2

Qui avez-vous autour de vous ?

- Connaissez-vous la croix que vous portez ?
- Alors, votre boulet, qui est-ce ?

Vous vous êtes sans doute retrouvé dans l'un des quatre personnages de l'histoire, en tout ou partie... Mais peut-être existe-t-il aussi autour de vous quelqu'un qui vous gêne... Quelqu'un qui ressemble un peu ou beaucoup à Pierre, Aimée, Vincent ou Sibille ? Vous avez des difficultés relationnelles avec cette personne, mais vous avez envie d'améliorer les choses. D'autant plus que vous la côtoyez souvent !

Ça y est, vous pensez à quelqu'un en particulier ? Vous êtes sûr d'être amené à le revoir régulièrement, de façon à pouvoir mettre en application ce que nous allons découvrir ensemble dans ce chapitre et dans les suivants ? Alors, c'est parti pour l'exercice pratique. Après avoir choisi cette personne, examinez les mots et expressions des deux tableaux qui suivent. Ces mots ou expressions vont par couple, ligne après ligne (par exemple « affirmé » va avec « pose des questions »). Dans chacun de ces couples, choisissez ce qui décrit le mieux, selon vous, le comportement de la personne à qui vous pensez. Attention, il faut absolument choisir, vous ne pouvez pas laisser de ligne sans réponse. Si vous éprouvez des difficultés à vous décider, c'est que vous ne connaissez pas assez bien la personne. Choisissez-en alors une autre, dans votre environnement professionnel ou personnel, et recommencez.

Après avoir rempli ce premier tableau, faites le total des cases que vous avez cochées dans la colonne de gauche. Ce total, nous allons l'appeler T1.

Tableau 2.1

Affirmé	☐	Pose des questions	☐
Volontaire	☐	Prudent	☐
Dominateur	☐	Accommodant	☐
Dit « je »	☐	Dit « nous »	☐
Décide	☐	Propose	☐
Impose	☐	Dialogue	☐
Coupe la parole	☐	Écoute	☐
Toujours pressé	☐	Prends son temps	☐
Sûr de soi	☐	Demande avis	☐
Individuel	☐	Collectif	☐

T1 ☐

Remplissez maintenant le deuxième tableau, qui se trouve ci-dessous, de la même manière… et pour la même personne, évidemment.

Tableau 2.2

Analytique	☐	Intuitif	☐
Organise	☐	S'adapte	☐
Contrôle	☐	Fait confiance	☐
Factuel	☐	Global	☐
Rationnel	☐	Irrationnel	☐
Sérieux	☐	Fantaisiste	☐
Déductif	☐	Imaginatif	☐
Technique	☐	Relationnel	☐
Concret	☐	Innovateur	☐
Réservé	☐	Démonstratif	☐

T2 ☐

Une fois ce deuxième tableau rempli, faites le total des cases que vous avez cochées, là encore, dans la colonne de gauche. Ce total, nous allons l'appeler T2.

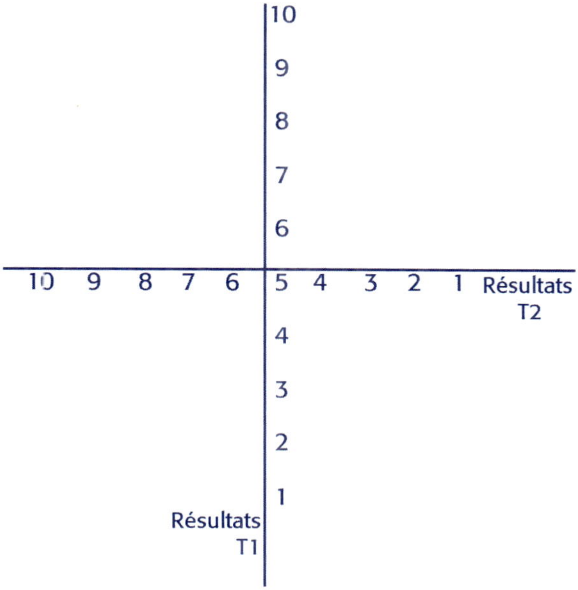

Figure 2.1

Maintenant, reportez ces deux résultats, T1 et T2, sur le graphique ci-dessus, afin de visualiser dans quel espace se situe la personne que vous avez choisie. C'est simple : par exemple, vous avez trouvé « 8 » pour T1 ? Reportez cette valeur sur l'axe vertical. Vous avez trouvé « 3 » pour T2 ? Reportez cette valeur sur l'axe horizontal. Il vous reste à matérialiser le point d'intersection de ces deux valeurs en dessinant leur prolongement parallèlement aux axes du graphique. Pour l'exemple que nous venons de prendre, cela donnerait ceci (figure 2.2).

La personne aurait alors, dans les grandes lignes, les mêmes caractéristiques de comportement que la Sibille de l'histoire racontée au chapitre précédent.

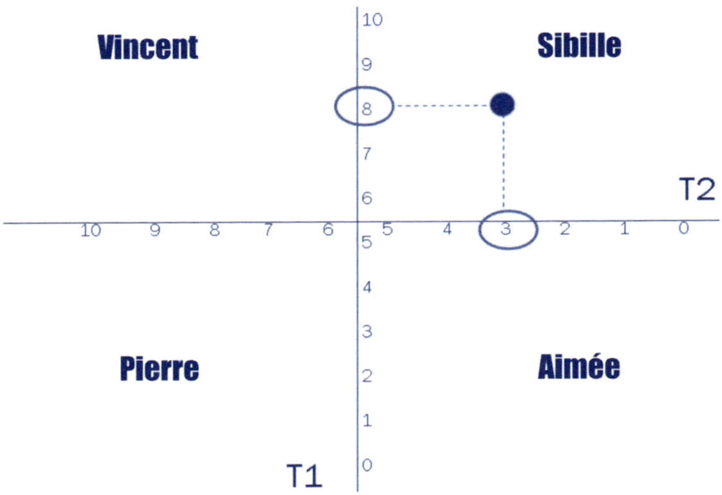

Figure 2.2

Connaissez-vous la croix que vous portez ?

Maintenant, placez sur la grille vierge ci-contre les deux valeurs, T1 et T2, que vous avez trouvées, vous, en remplissant les deux questionnaires pour la personne que vous avez choisie. Trouvez l'intersection de ces deux points : vous obtenez un emplacement sur la grille. Cet emplacement se situe dans une des 4 cases, que nous allons, par commodité, appeler 1, 2, 3 et 4 (figure 2.3).

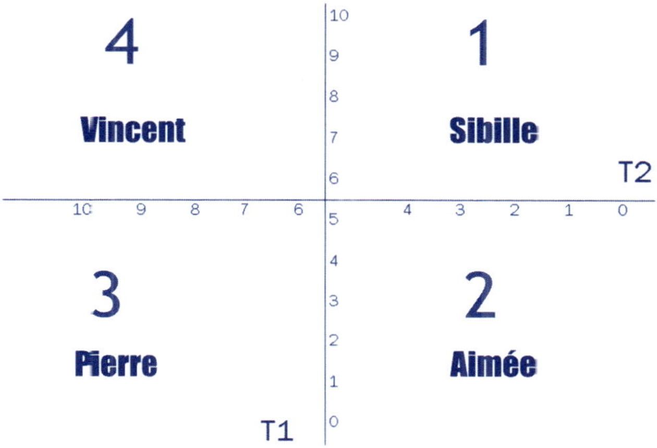

Figure 2.3

Vous avez donc localisé la personne sélectionnée dans une des quatre zones de ce graphique, ce qui va permettre de décrire, dans ses grandes lignes, le comportement de cette personne.

Mais d'abord, quelques précisions : plus le point d'intersection que vous avez trouvé est éloigné du centre de la croix que forme ce graphique, et plus ce que je vais vous décrire sera fort.

Cas particuliers : si T1 a pour valeur « 5 », la personne sera quelque part sur la ligne horizontale du graphique, son positionnement étant fonction de la valeur de T2. Par exemple, si T1 = 5 et T2 = 3, vous obtiendrez le positionnement suivant (figure 2.4).

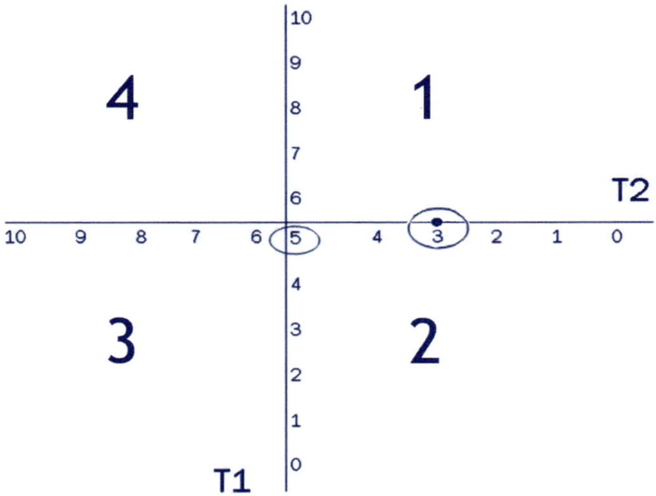

Figure 2.4

La personne sera alors un mélange entre deux parties. Dans l'exemple que nous venons de prendre, elle sera à cheval entre les parties 1 et 2 du graphique.

Si c'est T2 qui est égal à 5, on fait le même raisonnement, mais sur l'autre axe du graphique.

Attention ! Si vous avez trouvé comme résultats T1 = 5 et T2 = 5, c'est que vous ne connaissez pas assez bien la personne, ou que vous n'arrivez vraiment pas à la cerner. Recommencez l'exercice en pensant à quelqu'un d'autre.

Alors, votre boulet, qui est-ce ?

Tout est clair ? C'est parti pour la description de la personne avec qui vous avez des difficultés à communiquer.

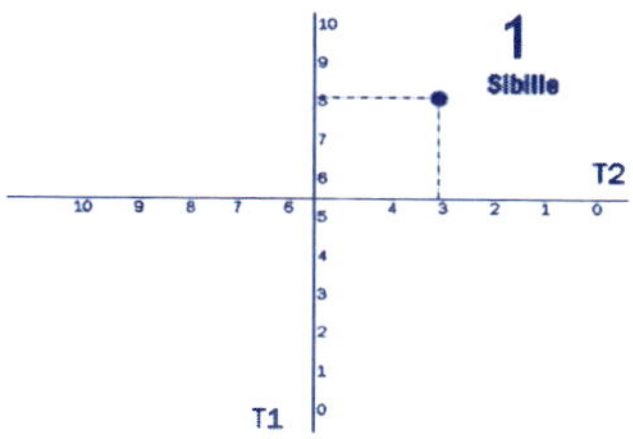

Vous l'avez localisée dans la partie 1 du graphique. Elle part dans tous les sens, fait souvent plusieurs choses en même temps et ne finit pas toujours ce qu'elle a commencé. Elle n'est pas assez concrète, a un côté égocentrique, est imbue d'elle-même. Elle peut être déstabilisatrice pour son entourage et n'en faire qu'à sa tête. De plus, elle ne tient pas en place ! On peut la comparer à la Sibille rencontrée dans l'histoire du chapitre 1.

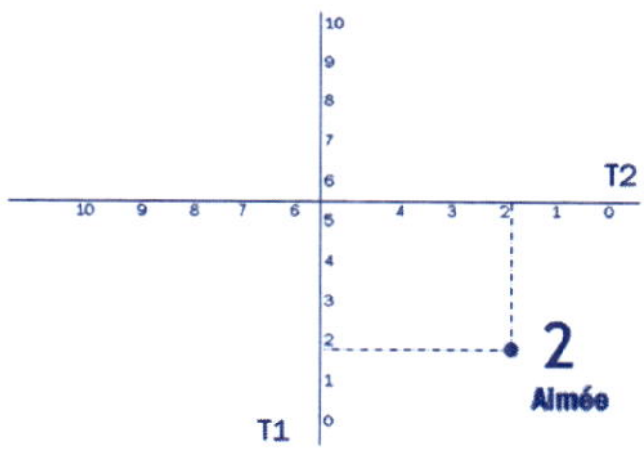

Vous avez localisé la personne dans la partie 2. Elle a du mal à prendre une décision, est influençable (pour elle, bien souvent, le dernier qui parle a raison), a des états d'âme, passe rapidement de l'optimisme au pessimisme et réciproquement… Elle peut manquer de concret et reste le plus souvent dans le domaine des sentiments. Elle fait penser à Aimée.

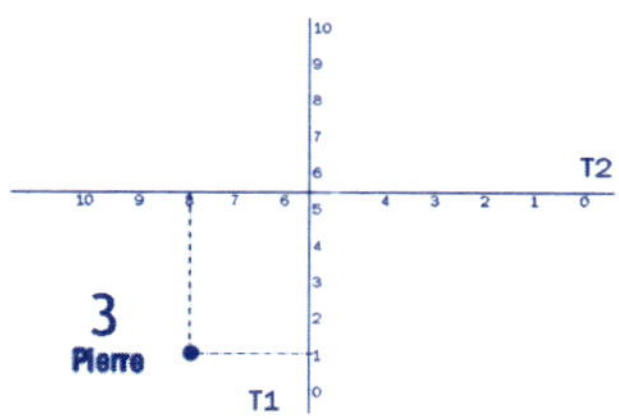

Vous avez localisé la personne dans la partie 3. C'est quelqu'un de pointilleux, tatillon, qui n'a jamais assez d'informations à son goût. Cette personne reste enfermée dans des processus assez « usine à gaz », ne s'exprime pas beaucoup, est pessimiste et très susceptible. Elle voit toujours le détail qui cloche. Un peu comme Pierre, le chef d'entreprise de l'histoire.

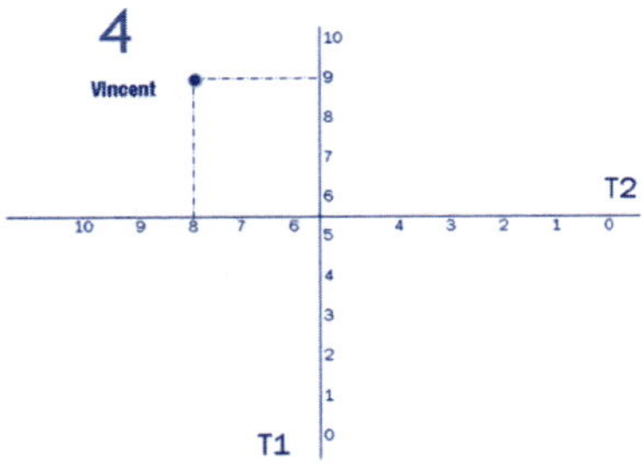

Enfin, vous l'avez située dans la partie 4 du graphique. Elle est rigide, s'enferme dans des règles, parle souvent d'argent et de rentabilité. Elle peut être caustique, et parfois agressive. Elle fait preuve d'autoritarisme et manque de souplesse ; elle s'appuie sur des faits et rien que sur des faits, ne prend pas souvent en compte les relations avec les autres, peut abuser de la franchise et même devenir brutale dans sa façon de s'exprimer. Un peu comme Vincent.

N'oubliez pas de prendre un peu de deux des portraits ci-dessus si la personne sur laquelle vous avez travaillé se situe entre deux zones sur le graphique que vous avez rempli (chiffre « 5 » trouvé en T1 ou en T2). Vous avez reconnu celui ou celle à qui vous pensiez en faisant cet exercice ? Alors vous allez adorer la méthode OPR®. Car nous allons vous aider à résoudre vos difficultés relationnelles avec cette personne (et les autres). En l'occurrence, vous allez mieux comprendre comment elle fonctionne. Mais les effets négatifs de son comportement ne peuvent pas venir d'elle seulement. C'est votre perception qui amplifie ce jugement. Donc, en comprenant mieux votre mode de fonctionnement, vous allez faire évoluer votre perception des personnes de votre entourage.

Nous reprendrons ces résultats à la fin du chapitre suivant (page 38) et dans le chapitre 11, pour vous aider à cheminer ; dans l'intervalle, nous allons nous pencher sur le fonctionnement du cerveau.

Chapitre 3

Êtes-vous un vrai cerveau ?

- Un cerveau, qu'est-ce que c'est ?
- Le cerveau humain
- 1, 2, 3, 4... Pensez !

Vous êtes aujourd'hui ce que vous avez fait de vous-même. Vous êtes ce que vous avez accepté d'être. Depuis votre naissance, vous avez utilisé un outil exceptionnel, mais d'une façon souvent désordonnée et conditionnée. Vous avez réagi aux situations, vous vous êtes adapté en oubliant souvent le principal : vous.

Cet outil exceptionnel, c'est votre cerveau. Un cerveau que vous avez reçu à votre naissance, avec 100 milliards de neurones, comme chaque être humain. Comment avez-vous tiré parti de cette formidable source d'énergie ? Comment les connexions entre vos neurones se sont-elles établies ? En effet, nous savons aujourd'hui que ce n'est pas le nombre de neurones qui importe (d'autant que tout le monde a le même), mais les connexions qui s'établissent entre ces cellules. Comprendre le fonctionnement de son cerveau, c'est s'occuper de soi. Et c'est crucial : lorsque nous comprenons son fonctionnement, nous comprenons le nôtre, forcément, ce qui nous amène à mieux nous accepter. Et mieux on s'entend avec soi-même, mieux on peut vivre avec les autres, en évitant de jouer des rôles tels que Caliméro ou Robocop. Or les relations que nous entretenons avec les autres sont au cœur de toutes les difficultés rencontrées dans notre vie professionnelle et personnelle.

Un cerveau, qu'est-ce que c'est ?

Au lieu de parler de « notre » cerveau, nous devrions plutôt dire « nos » cerveaux : les recherches sur le fonctionnement de cet organe ont permis de constater que chacun d'entre nous possède non pas un seul cerveau, mais trois.

Le premier des trois, ou 1er étage, est apparu en même temps que les reptiles et les poissons. Reptiles et poissons n'ont pas d'autres besoins que manger, boire, dormir, se défendre, fuir, se reproduire, délimiter un territoire. Ce cerveau, que l'on appelle reptilien, est le siège des instincts et des pulsions. Il permet de survivre.

Le cerveau reptilien est le siège des instincts et des pulsions.

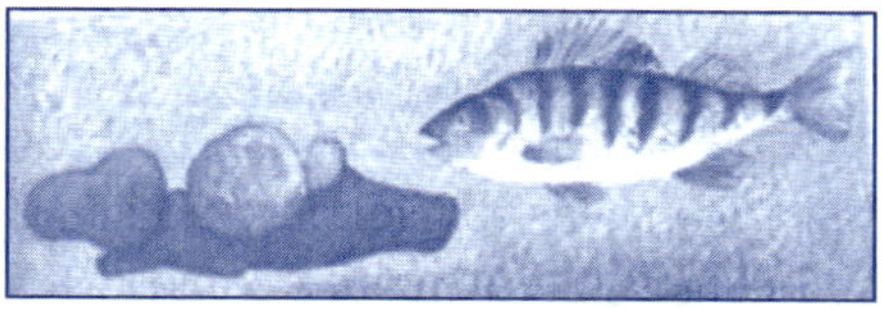

Le 2e étage du cerveau, venu se greffer sur le cerveau reptilien, est apparu plus tard, chez les mammifères. Les mammifères, comme les reptiles et les poissons, ont des besoins liés à leur survie. Mais ils ont en plus d'autres besoins : appartenir à un groupe, assurer la relation entre la mère et l'enfant... En effet, les mammifères protègent leurs petits jusqu'à leur autonomie, contrairement à la plupart des poissons et des reptiles. Ce cerveau mammifèrien, qu'on appelle aussi limbique, est le siège de l'affectivité, des émotions, et de la mémoire à long terme. On peut en effet parler de mémoire chez les mammifères. Vous pourrez aussi observer qu'un chien, si un enfant lui a fait du mal un jour, aura tendance à s'écarter dès qu'il se trouvera face à des enfants quels qu'ils soient, car il tire parti de son expérience passée.

Le cerveau limbique est le siège des émotions.

Le 3e étage de notre cerveau, le cortex, est le cerveau supérieur. Il est venu se greffer sur les deux premiers. Il est présent chez le chien, le chat,

le cheval, mais il est surtout développé chez les primates (notamment les singes) et en particulier chez l'homme, où il est imposant en termes de poids et d'utilisation. Il nous permet d'exploiter ce que nous avons enregistré dans le cerveau limbique.

Le cortex est le siège de la réflexion.

Le cerveau humain

Le cerveau de l'*homo sapiens sapiens*, autrement dit de l'être humain que nous sommes, est composé de ces trois étages. Il pèse 1,400 kg chez l'homme et environ 1,100 kg chez la femme. Si cela peut vous rassurer, le cerveau d'Albert Einstein, qui a été conservé dans le formol, pèse lui aussi environ 1,100 g. Cela prouve bien que le génie n'a rien à voir avec le poids du cerveau. Ce qui importe, c'est l'utilisation qu'on en fait !

Si le cerveau était simple à comprendre, nous serions nous-mêmes si simples que nous ne pourrions pas le comprendre.

Le cerveau, c'est 100 milliards de neurones, pour l'homme comme pour la femme. Cet organe dégage 15 watts en période de pleine utilisation. C'est une formidable source d'énergie. Simplement, ne perdons pas de vue que cette énergie peut être soit positive soit négative. Connaître le fonctionnement de notre cerveau et les effets de ce fonctionnement accroît nos chances de développer une énergie positive vis-à-vis de nous-mêmes et des autres.

Le premier étage de notre cerveau, le reptilien, est le siège de nos instincts et de nos pulsions. Il répond, comme c'est le cas pour les autres animaux, aux besoins fondamentaux (boire, manger, dormir, se défendre…). Il nous fait agir par réflexe et nous donne l'impulsion. C'est le lieu de la routine, des habitudes, des gestes automatiques, comme se ronger les ongles ou se gratter la tête. On pourrait multiplier les exemples. Lorsque vous vous rendez à une réunion, dans la même salle et avec les mêmes personnes que les fois précédentes, chacun se remet en général à la même place. Ainsi, vous préservez votre territoire, et vous évitez d'empiéter sur celui des autres. Si vous prenez votre voiture le week-end pour vous promener, vous vous retrouvez parfois sur la route de votre travail, par habitude, parce que vous aviez la tête ailleurs. Vous dormez toujours du même côté du lit. Dans la salle d'attente de votre médecin, vous vous asseyez toujours sur la même chaise… Bref, le cerveau reptilien est à l'origine de tout ce que nous faisons sans réfléchir. Il est évidemment très important, puisque c'est le cerveau de notre survie, celui qui nous permet de respirer sans que nous ayons à nous en soucier.

Le deuxième étage de notre cerveau, le cerveau limbique, ou mammiférien, est le siège dominant de l'affectif, de l'émotionnel. C'est une sorte de radar capable de ressentir les émotions des gens. Il est très sensible à l'ambiance, à la tonalité émotionnelle des situations. C'est pourquoi une ambiance heureuse ou déprimée l'influencera, et conduira à des postures de refus ou d'acceptation. Ce cerveau est imperméable à toute logique. Toutes les informations qui nous parviennent passent par lui, et il les filtre en fonction de critères tels que :

- le plaisir ou le déplaisir ;
- l'intérêt ou le désintérêt ;
- la sécurité ou l'insécurité ;
- les expériences antérieures ;
- les chances de réussite.

Le cerveau limbique est notre intelligence émotionnelle et notre mémoire à long terme.

Comme nous venons de le voir, toutes les informations passent par le cerveau limbique avant d'atteindre le cortex. Ceci explique que le limbique, qui n'est qu'émotions, empêche parfois certaines informations de passer ! C'est qu'il y a, justement, trop d'émotion. Par exemple, vous pouvez aider de vos conseils un ami qui se trouve dans une situation émotionnelle forte ; mais vous aurez beaucoup plus de difficultés à résoudre le même genre de problème si la situation vous concerne vous, parce que l'émotion va vous submerger.

Le troisième étage de notre cerveau, le cortex, ou cerveau supérieur, est le siège de la pensée. C'est le lieu de fonctions abstraites comme la lecture, l'écriture, l'imagination et la créativité. Le cortex nous permet d'avoir des idées et de les utiliser. Une grande partie du cortex n'existe que chez l'être humain. Elle lui permet l'analyse, le raisonnement, le langage. Grâce au cortex, nous pouvons décrire une réalité, exprimer un sentiment. Grâce à lui, l'être humain est conscient.

Le cortex gère le cerveau limbique et le cerveau reptilien. Il transforme notre agressivité ou notre passivité en affirmation volontaire. Il empêche le passage à l'acte de toutes les pulsions et émotions dangereuses. Il nous permet de communiquer par la parole. Nommer un objet est fondamental pour l'être humain, et c'est le cortex qui nous ouvre cette possibilité. Notre cortex transforme les informations reçues et les envoie à d'autres personnes pour nous permettre d'inventer, de créer des solutions. Il prévoit, organise, anticipe, et trouve des réponses. Il nous permet aussi de nous projeter dans l'avenir.

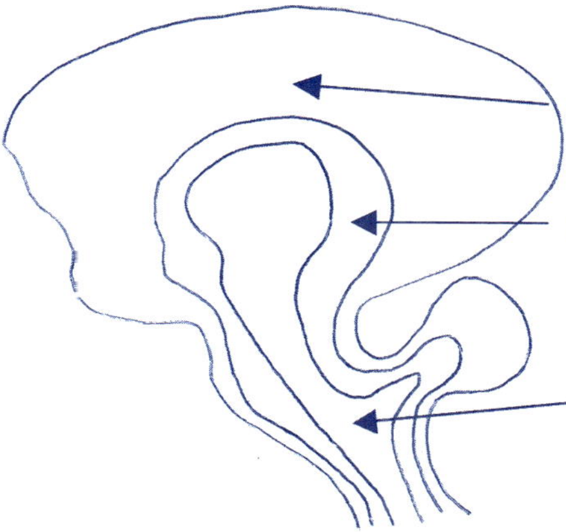

Figure 3.1 – Les 3 étages de notre cerveau

La découverte de ces trois étages du cerveau humain ne date que des années 1985-1990. C'est peut-être une découverte aussi pour vous. En revanche, vous avez sans doute entendu dire que notre cerveau comprend deux hémisphères, c'est-à-dire deux moitiés : le cerveau gauche et le cerveau droit. C'est un fait connu depuis longtemps, puisque le médecin grec Hippocrate l'a mis en évidence dans l'Antiquité.

En effet, Hippocrate avait constaté que les gladiateurs souffrant d'une lésion de la partie gauche de leur cerveau ne pouvaient plus utiliser la partie droite de leur corps. La science moderne a confirmé ces observations. En 1962, le biologiste californien Roger Sperry sectionne les fibres du corps calleux (qui relie le cerveau droit et le cerveau gauche) d'un vétéran de la Seconde Guerre mondiale, pour tenter de le guérir de l'épilepsie. Après l'intervention, le patient va beaucoup mieux, mais il présente des troubles étonnants, « comme si sa main droite ignorait sa main gauche ».

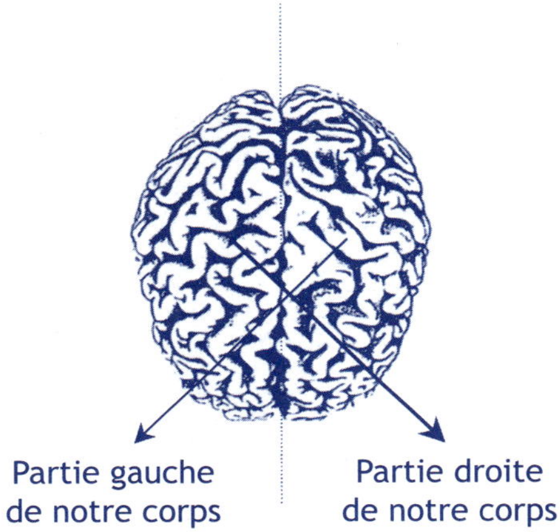

Figure 3.2 – **Chaque hémisphère cervical commande la partie du corps qui lui est opposée.**

De nombreuses autres opérations et observations ont permis de préciser les fonctions des deux hémisphères. Ainsi, à la fin de sa vie, Maurice Ravel fut atteint d'une atrophie du cortex de l'hémisphère gauche. Il ne pouvait plus ni lire ni écrire la musique, mais il avait gardé intact son prodigieux sens musical.

On a donc compris que l'hémisphère droit est le siège du langage non verbal (gestuelle, déplacement, postures, expressions du visage...). C'est le lieu du rythme, de la musique, de l'imagination, de l'intuition. Une utilisation intense de cet hémisphère correspond à une attirance pour les arts, la musique, l'abstrait, et la créativité en général. L'hémisphère droit synthétise nos perceptions et notre expérience sous forme d'images. Sa grande capacité à reconnaître les visages nous est d'une aide précieuse dans les relations. Il est davantage guidé par l'intuition que par la raison.

L'hémisphère droit correspond à une approche intuitive des choses.

L'hémisphère gauche, quant à lui, est le siège de la logique, du calcul, des chiffres, de l'écriture, du raisonnement. C'est le lieu des mots, du vocabulaire ; il commande l'art de structurer les phrases, a tendance à considérer le détail davantage que l'ensemble. Il considère plus le fond d'un message que sa forme. Il nous permet une approche rationnelle des choses, par étapes, suivant un plan précis et organisé. Il excelle dans l'analyse car il découpe le réel en catégories.

Deux hémisphères séparés regardent le même paysage.

Le cerveau gauche demande au droit : « Tu as vu comme cet arbre est beau ? »

Le cerveau droit lui répond : « Tu as raison ! Je n'avais pas remarqué l'arbre… Je regardais la forêt ».

Le gauche observe le détail, alors que le droit voit l'ensemble.

Les deux hémisphères cervicaux sont reliés entre eux par des milliers de filaments, dont l'ensemble forme le corps calleux. On a découvert que le corps calleux de la femme était plus important que celui de l'homme ; cela explique que la femme soit capable, plus que l'homme, de faire plusieurs choses en même temps.

1, 2, 3, 4… Pensez !

Notre cerveau, comme nous venons de le voir, est donc composé de trois couches (ou trois étages), mais également de deux hémisphères. Si nous mettons de côté le cerveau reptilien – même s'il est bien sûr très important puisqu'il est le siège de notre instinct de survie –, nous pouvons distinguer quatre zones d'utilisation de notre cerveau.

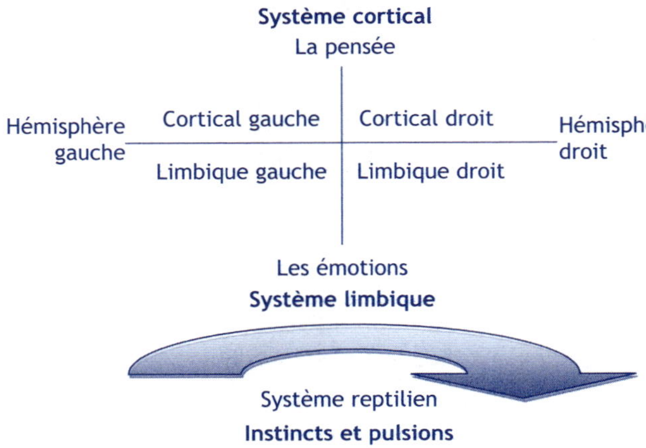

Figure 3.3

Pour vérifier vos connaissances, reportez-vous au quiz proposé en annexe.

Plutôt que de garder les termes techniques « cortical droit », « limbique gauche », etc., nous allons continuer à travailler à partir du même graphique en forme de croix, mais en utilisant des chiffres, par souci de simplicité. Ces chiffres sont disposés dans le sens des aiguilles d'une montre, afin de mieux se souvenir de ce à quoi ils correspondent (figure 3.4).

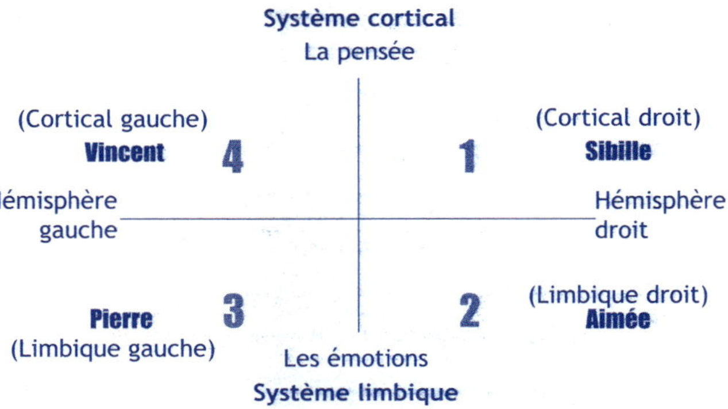

Figure 3.4

Nous utilisons tous ces quatre parties de notre cerveau, mais avec plus ou moins d'intensité, et à une fréquence plus ou moins élevée. Pour vous permettre de reconnaître les parties que vous utilisez le plus, observez le graphique qui suit, et voyez les zones dans lesquelles vous vous reconnaissez le plus facilement (figure 3.5).

Système cortical
La pensée

Vincent	**4**	Logique Analytique Organisateur Direct Concret	Créatif Synthétique Global Innovateur Conceptuel	**1**	**Sibille**
Pierre	**3**	Contrôlé Émotif Méthodique Stable Prudent	Contact humain Affectif Communicant Sensible Collectif	**2**	**Aimée**

Les émotions
Système limbique

Figure 3.5

Par exemple, si vous avez tendance à aimer la nouveauté, l'innovation, et à appréhender les choses de façon globale, vous utilisez beaucoup la partie du cerveau que nous avons baptisée « 1 », autrement dit le cortical droit. C'est aussi ce que fait la Sibille de l'histoire racontée dans le chapitre 1.

Si vous privilégiez le contact humain et avez besoin de partager vos émotions, vous utilisez beaucoup la partie « 2 », donc le limbique droit, comme Aimée.

Si vous avez tendance à contrôler vos émotions, par prudence, et à aimer suivre une organisation, à vouloir planifier le moindre détail, vous êtes attiré par l'utilisation de la partie 3 (limbique gauche), comme Pierre.

Si vous avez toujours besoin de logique, de concret, si vous aimez analyser toutes les situations, vous utilisez plutôt la partie 4, en d'autres termes le cortical gauche, comme Vincent.

Revenons un peu en arrière. Quand vous avez décrit, dans le chapitre 2, une personne avec qui vous avez du mal à communiquer, grâce au questionnaire que vous avez rempli, vous avez localisé sur le même type de schéma en croix la partie du cerveau que cette personne, selon vous, utilise le plus. Même si vous ne le saviez pas, il s'agissait bien déjà de définir les zones du cerveau (1, 2, 3 et/ou 4) que, toujours d'après vous, cette personne utilise avec le plus d'intensité et de fréquence.

Avez-vous remarqué que, pour décrire le fonctionnement de la personne que vous avez choisie, nous ne vous avons proposé que des termes négatifs ? En effet, si nous avions utilisé des termes positifs, vous auriez peut-être eu plus de difficultés à la reconnaître, puisque vous ne l'appréciez pas. Or, si par exemple vous avez situé le fonctionnement de cette personne dans la zone 4 du graphique, ne perdez pas de vue qu'elle n'est pas seulement rigide et caustique. Cette personne est aussi concrète, franche, directe. C'est votre perception, à travers la relation que vous entretenez avec elle, qui vous conditionne à la juger sévèrement.

À l'inverse, si vous vous êtes reconnu vous-même dans la partie 4 du schéma en croix, et que vous vous sentez efficace, franc, réaliste, vous pouvez apparaître à d'autres comme un peu brutal, trop direct, pas assez affectif…

Nous voyons les autres à travers nos lunettes mentales (voir chapitre 5), et nous sommes perçus par les autres à travers leurs propres lunettes.

Le plus important n'est pas d'utiliser telle ou telle partie du cerveau, c'est la façon dont nous l'utilisons dans nos relations avec les autres.

L'essentiel

- Vous êtes aujourd'hui ce que vous avez fait de vous-même. Vous êtes ce que vous avez accepté d'être.
- Les relations que nous entretenons ave les autres sont au cœur de toutes les difficultés rencontrées.
- Nous n'avons pas un cerveau, mais trois.
- Le cerveau reptilien est le siège des instincts et des pulsions.
- Le cerveau limbique est le siège des émotions.
- Le cortex est le siège de la réflexion.
- Connaître le fonctionnement de notre cerveau et les effets de ce fonctionnement accroît nos chances de développer une énergie positive.
- Le plus important n'est pas d'utiliser telle ou telle partie du cerveau, le plus important est la façon dont nous l'utilisons dans nos relations avec les autres.

Chapitre 4

Et si vous optimisiez votre potentiel relationnel ?

- **Quel est votre mode de fonctionnement ?**
- **Qu'est-ce qui vous motive ?**
- **Êtes-vous bon, ou excellent ?**
- **À quelle famille appartenez-vous ?**
- **Êtes-vous naturel, ou vous efforcez-vous de l'être ?**

Dans les années 1980, j'ai découvert les préférences cérébrales, que nous venons de vous présenter. J'ai expérimenté de nombreuses méthodes existantes, j'ai lu toutes sortes d'ouvrages sur la communication, les comportements, le management, les motivations. En 1989, j'ai décidé de construire une méthode que je voulais accessible à tous. Je souhaitais sortir du discours trop technique des spécialistes en biologie ou en psychologie, et ouvrir à chacun une méthode simple et claire destinée à mieux se comprendre et à mieux comprendre son entourage. Cette méthode, c'est l'OPR® (Optimisation du Potentiel Relationnel).

L'OPR® s'appuie sur un questionnaire et décode les mots choisis par celui qui l'a rempli. Grâce à l'exploitation de ce questionnaire, l'OPR® permet de mettre en lumière, pour chaque personne, quel est son mode de fonctionnement. À partir de son utilisation plus ou moins intense des quatre parties du cerveau, on dégage ses préférences et ses rejets. Pour plus de simplicité encore, on note les parties 1, 2, 3 et 4 dans des colonnes, et non plus dans des schémas en forme de croix. Bien sûr, leur signification reste la même !

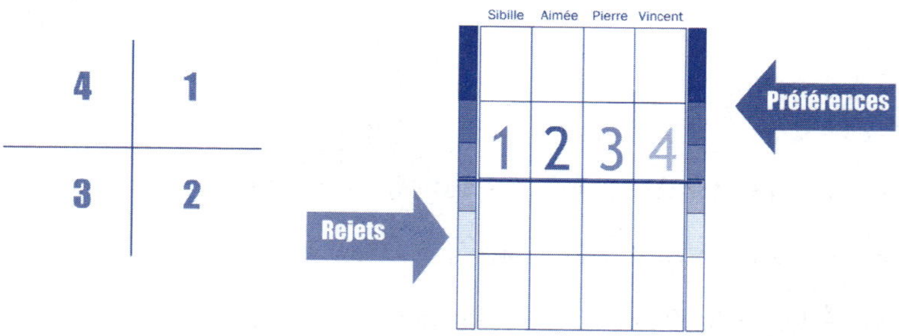

Figure 4.1

Voici un exemple de profil OPR® établi à partir du questionnaire rempli par une personne (figure 4.2) :

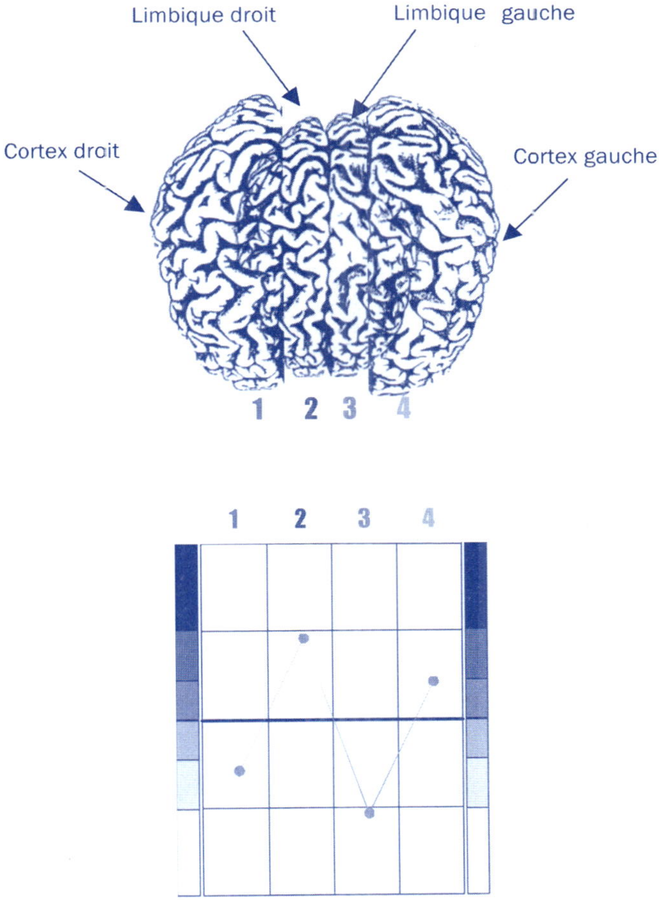

Figure 4.2

Plus le point est placé haut dans une colonne donnée, plus la personne utilise volontiers les ressources correspondant à cette colonne. Plus le point y est placé bas, moins elle a tendance à vouloir utiliser ces ressources. La figure 4.2 est séparée en deux zones par une ligne médiane horizontale. Tous les points situés au-dessus de cette médiane correspondent à des préférences. Tous les points situés en dessous correspondent à une utilisation moindre. Nous avons tous 1, 2 ou 3 points au-dessus de la ligne, mais jamais 4. Nous avons tous 1, 2 ou 3 points au-dessous de la ligne, mais jamais 4.

Il n'y a pas de bon ou de mauvais profil. Que l'on ait 1, 2 ou 3 points au-dessus de la ligne médiane, aucune configuration n'est meilleure qu'une autre. Le plus important, c'est l'utilisation que nous faisons de ces préférences. Un profil OPR® ne détermine ni intelligence ni compétence, ni expérience ; il permet de comprendre ce que la personne aime faire, et ce qu'elle aime moins faire. Il permet de localiser le domaine dans lequel la personne sera la plus performante.

Quel est votre mode de fonctionnement ?

Si vous allez avec plaisir à une fête imprévue, s'il vous arrive de dépenser sans compter, s'il vous prend parfois l'envie de conduire sans but, si vous partez dans l'imaginaire pour rêver votre vie en l'an 3000, alors vous avez sans doute tendance à utiliser la colonne 1, comme le fait Sibille.

Si vous échangez aisément avec vos enfants, si les larmes vous montent facilement aux yeux, si vous dansez sans bouger les pieds, si vous écoutez la musique que vous aimez quand vous en avez envie, vous avez sans doute tendance à utiliser la colonne 2, comme Aimée.

Si vous aimez le travail de qualité, lisez volontiers un mode d'emploi, si vous aimez tenir votre budget personnel, si vous êtes ponctuel, rangez et classez vos photos régulièrement, si vous réalisez votre arbre généalogique, vous avez sans doute tendance à utiliser la colonne 3, comme Pierre.

Si, dans un restaurant, vous comptez le nombre de couverts pour connaître le montant de la recette, si vous appréciez la résolution d'exercices de logique, si vous préparez votre retraite avec un échéancier précis, si vous suivez les cours de la Bourse, alors vous avez sans doute tendance à utiliser la colonne 4, comme Vincent.

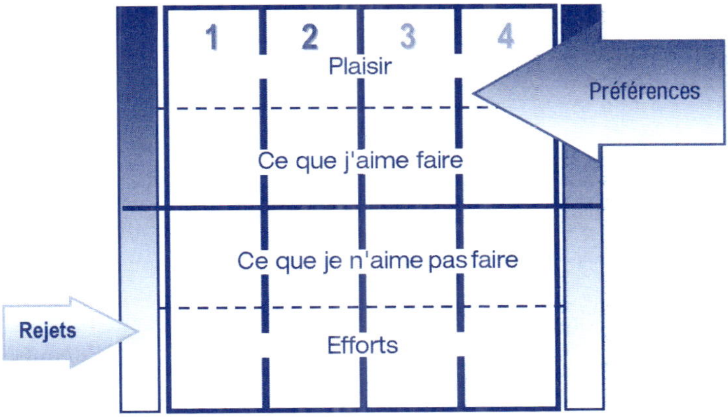

Figure 4.3

Nous vous l'avons dit, tout ce qui se trouve au-dessus de la ligne médiane correspond aux « zones plaisir » : c'est ce que la personne aime faire. Et plus un point est placé haut, plus la personne éprouve du plaisir. Or on ne fait bien longtemps que ce que l'on aime (voir chapitre 8). Tout ce qui se trouve au-dessus de la ligne médiane correspond donc aux zones de motivation. C'est là que la personne trouvera plaisir à utiliser son énergie. Il ne sert à rien de vouloir motiver les hommes ; il faut créer les conditions de leur motivation (voir chapitre 8). Quand nous connaissons notre profil OPR®, nous pouvons plus facilement cerner quelles sont nos « zones plaisir », et donc ce qui va nous motiver. Quand nous connaissons le profil OPR® de nos collaborateurs, ou, plus généralement, des personnes qui nous entourent, nous pouvons mieux comprendre comment créer les conditions de leur motivation.

Tout ce qui est en dessous de la ligne médiane correspond à ce que la personne n'aime pas faire. Elle peut le faire, bien sûr, mais ce sera avec efforts. Tout ce qui est en dessous de cette ligne correspond aux zones de démotivation. Si la personne est obligée d'utiliser ces colonnes longtemps, elle gaspillera son énergie et sera démotivée.

Qu'est-ce qui vous motive ?

La motivation est toujours personnelle : chacun sera motivé ou démotivé par des choses différentes, et cela vient notamment de l'utilisation que nous faisons de chaque colonne du tableau que nous venons de voir, défini par l'OPR®.

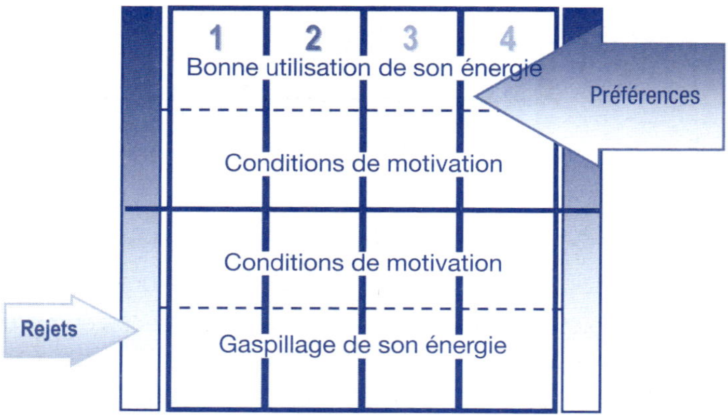

Figure 4.4

Quand nous utilisons fortement la colonne 1, nous avons besoin d'être responsable, d'être libre, autonome, de prendre des décisions sans en demander l'autorisation ; nous avons besoin de rapidité autour de nous, de défis, d'occasions de prendre des risques, car notre motivation est d'être reconnu comme étant différent, unique, meilleur que les autres.

Quand nous utilisons fortement la colonne 2, nous avons besoin de faire partie d'une équipe, d'un groupe, de nous sentir en confiance avec les gens qui nous entourent. Nous avons besoin d'échanges, de bienveillance, d'émotions partagées ; car ce qui nous motive, c'est d'aimer et d'être aimé, de nous sentir apprécié et entouré par les gens que nous apprécions.

Quand nous utilisons intensément la colonne 3, nous avons besoin de qualité, de beaucoup d'informations, de contrôler, de planifier, de suivre une organisation et des méthodes éprouvées. Nous avons aussi besoin de calme, de sérénité, de temps pour nous adapter, de temps pour réfléchir. Car notre motivation est d'être en sécurité, de nous sentir appréciés et accompagnés dans ce que nous faisons.

Quand nous utilisons fortement la colonne 4, nous avons besoin d'objectifs clairs, de rigueur, de mettre en place une organisation efficace. Nous souhaitons toujours comprendre à quoi sert ce que nous réalisons. Nous avons besoin de concrétiser nos projets et d'atteindre les objectifs que nous visions. Car notre motivation est l'obtention de résultats, la rentabilité, la satisfaction du travail bien fait.

Vous commencez sans doute à deviner comment vous situer vous-même, et à mieux comprendre les gens qui vous entourent. Au fil des pages, vous allez avoir une idée de plus en plus précise de vos « qualités » et de vos « défauts », grâce à la méthode OPR®.

Mais avant tout, il est important de préciser que tout est qualité, et tout est défaut... Ou, pour le dire autrement, rien n'est qualité, et rien n'est défaut. Seul le dosage fait la qualité ou le défaut. Le dosage des qualités et des défauts n'est pas objectif, car il dépend du jugement d'un individu face à soi. Il dépend aussi d'une situation et d'un environnement.

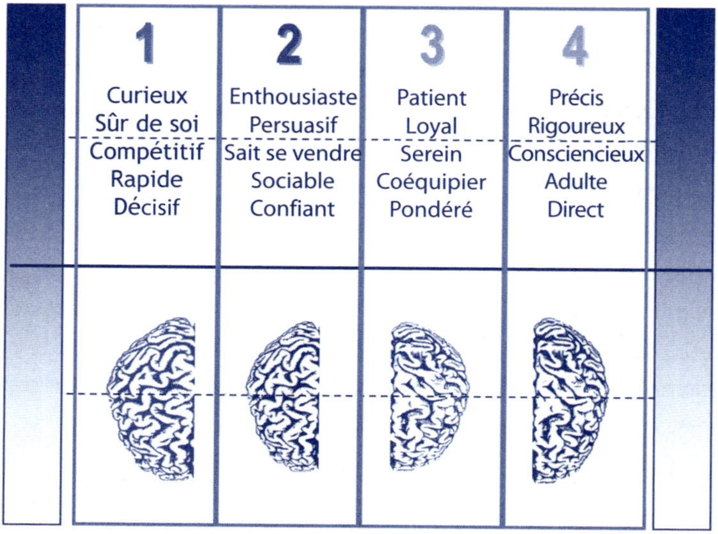

Figure 4.5

Celui qui utilise de préférence la colonne 1 (pour simplifier, on peut surnommer ce personnage Sibille) a tendance à s'intéresser à plein de choses. Sa curiosité la pousse à découvrir, à vouloir tout savoir ; Sibille est sûre d'elle, ou en tout cas elle donne cette impression, car elle est très affirmative dans les informations et les décisions qu'elle communique. Elle aime la compétition tournée vers les défis, elle apprécie de se mesurer aux autres. Elle est rapide, car elle a un bon esprit de synthèse, et elle trouve vite l'information nécessaire, sans s'embarrasser de détails. Elle est décidée. D'ailleurs, elle aime prendre des initiatives, avoir la liberté de décider pour elle et pour les autres.

Ceux qui préfèrent la colonne 2, comme Aimée, sont enthousiastes. Aimée a besoin de joie, d'émotions positives autour d'elle ; elle aime persuader, séduire ; elle sait se vendre, c'est-à-dire montrer le meilleur d'elle-même, car elle est toujours en recherche d'approbation, elle a besoin de se faire accepter et d'arriver à convaincre. Elle est sociable, aime être en groupe, rencontrer des gens et échanger ; elle est confiante, d'ailleurs elle ne peut vivre sans confiance.

Pierre, comme tous ceux qui utilisent beaucoup la colonne 3, est patient, il sait prendre son temps. Il est loyal et ira toujours au bout de ce qu'il a promis, même si c'est à son détriment. Il est serein, et fait tout pour répandre cette sérénité autour de lui. Coéquipier, il apprécie de travailler avec les autres, même s'il ne le montre pas forcément. Il est pondéré et calme le jeu, car il a horreur de l'agressivité et des conflits.

Vincent, comme tous les utilisateurs de la colonne 4, est précis, il déteste les à-peu-près, il est rigoureux. Il se donne des objectifs et s'y tient. Consciencieux, autonome, il va toujours jusqu'au bout de sa mission sans avoir besoin d'être contrôlé. Il est adulte, il assume et il s'assume. Il est direct, et dit les choses comme il les pense.

Vous avez sûrement reconnu certaines de vos qualités dans ces quatre portraits. Il se peut que vous vous reconnaissiez un peu dans Sibille, un peu dans Aimée, et un peu dans Pierre, par exemple. Cela dit, vous vous retrouvez sans doute dans une des colonnes en particulier, ou dans deux d'entre elles.

Découvrons maintenant vos qualités mal utilisées, qui peuvent être interprétées comme des défauts.

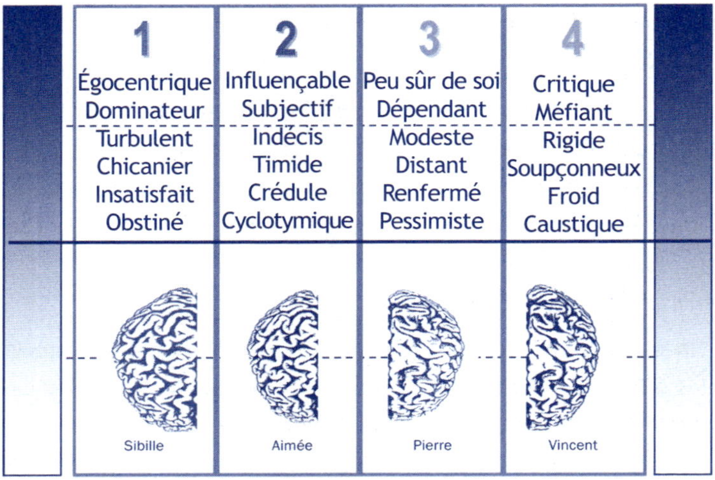

Figure 4.6

Sibille (colonne 1) est égocentrique. Un tel personnage a tendance à tout rapporter à lui. Il est dominateur, il aime avoir le leadership, être « celui qui dit que ». Il est turbulent, et s'il n'a pas la position dominante, il va perturber le groupe. Il est chicanier : il aime la confrontation, et les conflits ne le gênent pas trop. Il est insatisfait, même s'il a les meilleurs résultats il voudra être encore meilleur que meilleur ! Il est obstiné aussi. Vous lui prouvez que son idée n'est pas adaptée, et vous avez l'impression qu'il abandonne ? Ce n'est pas le cas… Fermez la porte, il reviendra par la fenêtre !

Aimée (colonne 2) est influençable ; un personnage tel qu'Aimée a toujours besoin de l'avis des autres, et pour lui c'est bien souvent le dernier qui parle qui a raison. Il est très subjectif : il aime ou il n'aime pas. Il est prêt à pardonner une erreur à quelqu'un qu'il aime, et il sera dur avec quelqu'un qu'il aime moins. Il est indécis, et comme il a besoin de l'avis des autres, il a du mal à décider seul. Timide, il a un tel besoin d'utiliser son émotion que parfois il y en a trop, et ça le bloque ! Il est crédule, il croit tout ce qu'on lui dit puisqu'il ne vit que par la confiance, ce qui fait de lui une proie facile. Il est cyclothymique, à tout moment il réserve des hauts et des bas à son entourage.

Pierre (colonne 3) est peu sûr de lui, il a toujours besoin de plus de précisions, d'informations. Il est dépendant : il dépend non seulement des informations dont il a besoin, mais aussi des gens qui l'entourent. Sa modestie le pousse à adopter pour devise : « Pour vivre heureux, vivons caché ». Il ne cherche pas à s'imposer, et il met des distances entre lui et les autres. Il est renfermé, communique davantage avec lui-même qu'avec autrui, et se pose beaucoup de questions. Son pessimisme le pousse à toujours voir le détail qui peut faire tout rater. Dans une entreprise, c'est celui qui va déclarer : « Cela fait 20 ans qu'on gagne de l'argent, mais moi je vous dis qu'un jour on va en perdre ! »

Vincent (colonne 4) est critique, il émet des avis qui peuvent heurter ; il se méfie de tout et a besoin de preuves ; il est rigide par excès de rigueur, il ne veut pas changer ce qui a été prévu. Son côté soupçonneux, sa méfiance le pousseront à chercher toujours le vice de forme, la faille, le défaut. Il est froid, car il ne se sert pas de son émotion, et reste sur des faits et des preuves. Il est caustique sans s'en rendre compte, et peut blesser sans forcément le vouloir.

Le fait d'utiliser davantage la colonne 1, 2, 3 ou 4 constitue un filtre entre vous et la réalité. Ce mode de fonctionnement est une des composantes importantes de votre cadre de référence (voir chapitre 5), de vos « lunettes ». Vous avez des valeurs, des souhaits et des soucis différents selon l'utilisation plus ou moins forte que vous faites des quatre colonnes.

Le fait de découvrir, et surtout d'accepter, que ces valeurs font partie de votre cadre de référence, et qu'obligatoirement elles enrichissent mais aussi polluent vos relations avec les autres et avec votre environnement, ce fait-là peut vous permettre de les atténuer pour mieux vous adapter à ce qui vous entoure.

Êtes-vous bon, ou excellent ?

« On ne fait bien longtemps que ce que l'on aime » : nous allons développer cette conviction dans le chapitre 8. Il est bien sûr important d'avoir des connaissances et des compétences, mais encore faut-il avoir envie de les utiliser ! Pour être excellent dans quelque domaine que ce soit, il faut ajouter le plaisir de faire au savoir-faire. Les résultats de l'OPR nous permettent, non pas de découvrir pour quel métier nous sommes faits, mais quelles missions et quel environnement il nous faut pour utiliser au mieux nos connaissances et nos compétences.

Ce n'est pas le métier qui fait l'homme, c'est l'homme qui fait le métier.

Souvent, quand je donne le résultat de l'OPR, la personne concernée confirme, car elle s'y reconnaît, et elle ajoute : « Mais c'est normal que j'aie ce profil, vu le métier que j'exerce. » Et elle développe en argumentant que le fait d'utiliser la colonne 1, 2, 3 ou 4 est obligatoire pour bien faire ce métier-là. Ce qui est surprenant, c'est qu'une personne faisant le même métier mais ayant un profil OPR très différent argumentera de la même façon, avec la même certitude d'avoir raison ! Dans notre profession de consultant, nous avons l'occasion de rencontrer des experts comptables. Si vous avez bien compris la méthode OPR®, vous aurez tendance à penser qu'ils utilisent la colonne 3 ou la 4, voire la 3 et la 4 ensemble. Eh bien nous connaissons des experts-comptables qui réussissent très bien dans leur métier et qui utilisent surtout les colonnes 2 et 1, ou surtout la colonne 1 (en OPR®, on dit qu'ils ont des profils 2-1 ou 1). Ils ont le goût de l'échange et donnent aux chiffres qu'ils utilisent une histoire, un sens. La façon d'appréhender un métier enrichit la manière dont on l'exerce. Il serait dangereux de vouloir enfermer un métier et un individu dans une image restrictive. Car un métier dépend beaucoup de l'environnement dans lequel on le pratique, du secteur d'activité, des conditions de vie, de la culture de la structure… Bref, on ne peut absolument pas prétendre qu'à tel profil OPR® correspond tel métier, ni qu'à tel métier correspond tel profil OPR®. En revanche, on peut comprendre comment la personne exercera son métier, et quel plaisir elle en tirera.

Si, en plus de vos connaissances, votre savoir,
De votre expérience, votre savoir-faire,
Vous avez du plaisir à faire,
Alors vous pourrez être excellent dans le fait de :

1	2	3	4
• Percevoir les changements • Résoudre par intuition • Synthétiser des éléments divers en un ensemble nouveau • Avoir une vue d'ensemble • Entraîner avec enthousiasme • Innover et inventer de nouvelles méthodes • Décider en prenant des risques • Définir la stratégie	• Sentir les réactions des autres • Persuader par conviction • Enseigner avec passion • Concilier avec doigté • Prendre en compte les valeurs • Négocier avec ardeur • Écouter et conseiller avec plaisir • Comprendre les motivations et les positions des hommes.	• Découvrir les faiblesses négligées • Classer les données essentielles et en garder trace • Établir des plans et des procédures détaillés • Maintenir en ordre les documents financiers et comptables • Lire les petites lignes d'un contrat • Recenser les savoir-faire • Budgétiser les dépenses à venir • Répertorier les méthodes utilisées.	• Rassembler les faits • Résoudre les problèmes concrets • Mesurer avec précision • Démontrer rationnellement • Comprendre les éléments techniques • Réaliser des objectifs • Faire appliquer un règlement • Développer la productivité

À quelle famille appartenez-vous ?

Comme nous l'avons vu (chapitre 3), chacun utilise les quatre colonnes du profil OPR®, mais avec plus ou moins de fréquence et d'intensité. La méthode OPR® nous permet de constater que nous utilisons tous de préférence une, deux ou trois colonnes, mais jamais les quatre. Début 2010, 23 000 personnes avaient rempli le questionnaire et reçu leurs résultats OPR®. En examinant ces questionnaires sous l'angle statistique, nous avons constaté les grandes tendances suivantes :

10 % des gens ont un seul point au-dessus de la ligne médiane

Ils ont une préférence unique, ce qui présente un avantage et un inconvénient. Ils ont l'avantage de traverser la vie sans grand conflit intérieur. Mais l'inconvénient, c'est que 90 % de la population voit le monde autrement…

60 % des gens ont deux points au-dessus de la ligne médiane

Dans ces 60 %, il y a trois familles distinctes :

La première famille utilise 2 points dans le même hémisphère du cerveau

- Soit le 1 et le 2, donc l'hémisphère droit.
- Soit le 3 et le 4, donc l'hémisphère gauche.

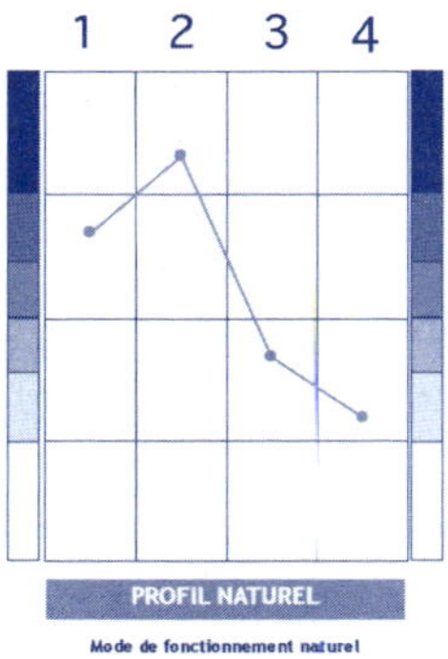

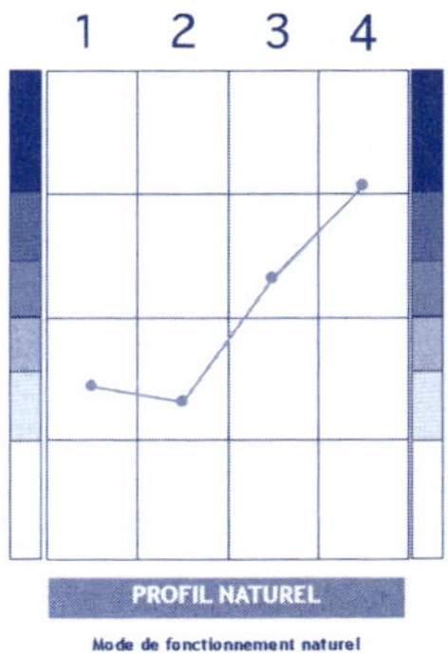

Ces personnes ont une certaine harmonie intérieure, mais elles tendent à éviter fortement les personnes fondant leur mode de fonctionnement sur l'autre hémisphère. Les personnes utilisant le 3 (Pierre) et le 4 (Vincent) voient celles qui utilisent le 1 (Sibille) et le 2 (Aimée) comme des personnes floues et pas très fiables. À l'inverse, les personnes utilisant le 1 et le 2 voient celles qui utilisent le 3 et le 4 comme des personnes autoritaires, et de compagnie pas très agréable.

❯ La 2e famille utilise 2 points situés dans le même « étage » du cerveau

- Soit le système cortical (1-4.)
- Soit le système limbique (2-3).

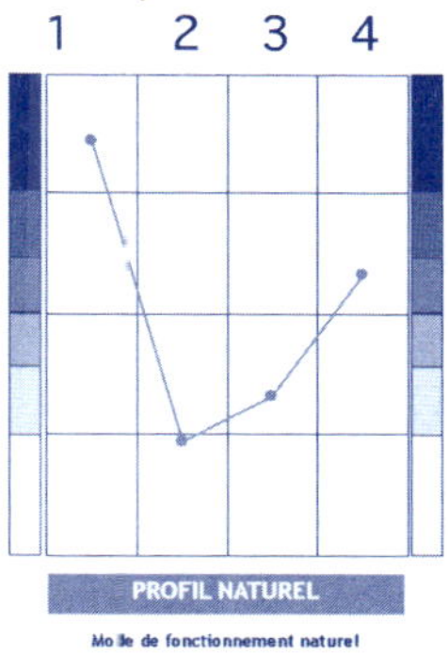

Les personnes utilisant de préférence le 1 et le 4, donc le système cortical, aiment prendre des décisions individuelles, et ne s'embarrassent pas de détails et d'états d'âme. Elles sont vues par les individus utilisant de préférence le 2 et le 3 comme des personnes sans émotions, provocantes, froides et individualistes.

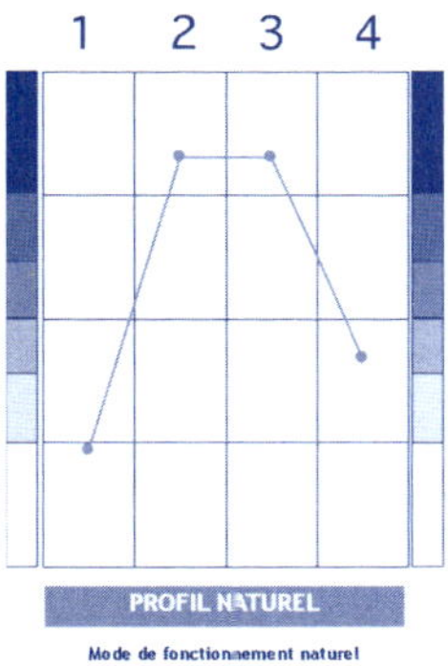

Les personnes utilisant de préférence le système limbique, donc les 2 et 3, aiment obtenir des avis, des informations, avant de prendre une décision. Elles peuvent être à la fois intuitives et détaillistes. Les personnes 1-4 les voient comme des individus hésitants, ne sachant pas se décider, s'affirmer.

❯ La 3e famille utilise 2 points, ni dans le même hémisphère, ni dans le même étage du cerveau

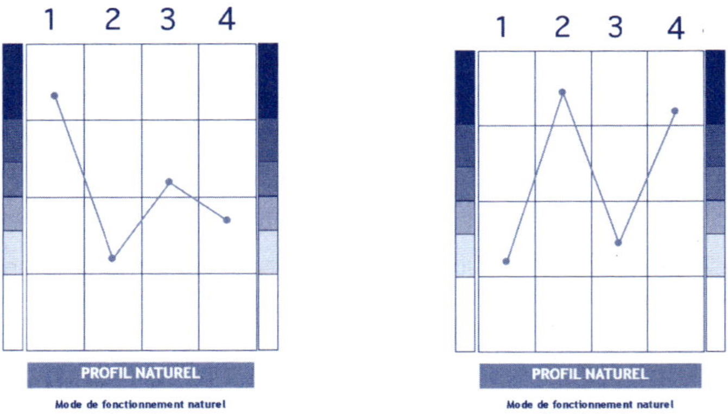

Ces personnes se trouvent souvent prises entre des décisions fondées sur des ensembles de valeurs entièrement différents. Les 1-3 ont besoin d'idées nouvelles mais aussi de s'appuyer sur une expérience acquise. Ils aiment se projeter dans l'avenir tout en ayant besoin de se référer au passé. Les 2-4 aiment utiliser leurs sentiments tout en se référant à la logique ; ils privilégient la chaleur dans leurs relations avec les autres tout en se fondant parfois strictement sur la rigueur.

Les personnes de cette 3e famille peuvent utiliser une combinaison de capacités différente et puissante. En revanche, dans des situations difficiles pour elles, elles peuvent être paralysées entre deux choix. Ainsi, un responsable 2-4 devant licencier un collaborateur de longue date sera écartelé entre relation amicale et décision reposant sur des faits comptables.

Enfin, 30 % des gens ont 3 points au-dessus de la ligne médiane

Ils ont de grandes capacités de communication, car ils ont trois « passerelles » pour comprendre les autres et s'en faire comprendre. Mais leur principale difficulté est le temps qu'il leur faut souvent pour arriver à maturité et bien utiliser ces trois forces, ces trois préférences. Une personne ayant confiance en elle pourra tirer profit pleinement de ces trois points. Une personne ayant peu confiance en elle, ou très jeune, aura des difficultés à bien utiliser ces trois préférences : elle subira leurs différences, et passera de l'une à l'autre sans les associer.

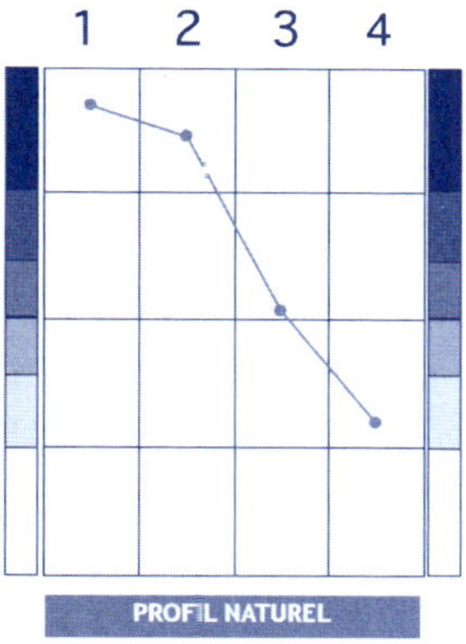

Mode de fonctionnement naturel

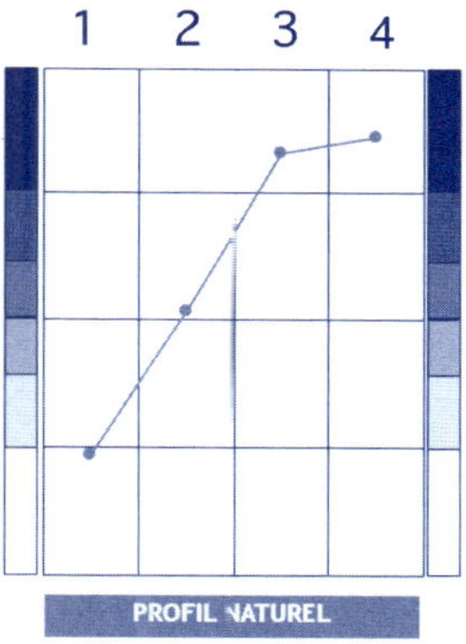

Mode de fonctionnement naturel

Vous êtes naturel, ou vous vous efforcez de l'être ?

Maintenant que vous avez bien compris les différences entre l'utilisation des colonnes 1, 2, 3 et 4, nous allons continuer à vous accompagner dans la découverte de votre mode de fonctionnement.

Nous fonctionnons selon une sorte de boucle dont chaque étape influe sur les autres, et ainsi de suite. Nous avons tous un environnement, qui est constitué de nos relations et de nos expériences passées et présentes. Nous avons un cadre de référence, un filtre qui s'impose entre nous et la réalité, autrement dit des « lunettes », comme nous le verrons dans le chapitre 5. Nous percevons des attentes de la part de notre entourage, parce que nous sommes conditionnés à fonctionner et à réagir en fonction de notre environnement passé et présent. Notre perception de ces attentes nous dicte, nous impose des comportements qui vont, eux, communiquer à cet environnement notre façon d'être, notre façon de faire. C'est une sorte de cercle infernal.

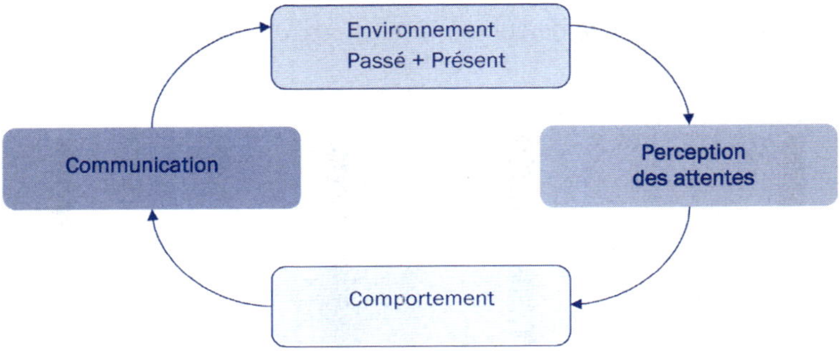

Figure 4.7 – La boucle infernale de notre fonctionnement

Nous percevons notre environnement d'une façon forcément conditionnée ; nous réagissons à cette perception par des comportements qui communiquent avec notre environnement et le confortent dans ce qu'il est, induisant de nouveau les mêmes comportements de notre part.

Cette boucle infernale nous fait souvent jouer un rôle que nous n'avons pas choisi, et pour lequel nous ne sommes pas forcément les meilleurs acteurs. Car le poids de notre éducation pèse sur nous. Nos manières d'agir, de marcher, de regarder, de parler, nos systèmes d'idées et de croyances en portent la trace.

Le fait d'utiliser l'OPR® (Optimisation du Potentiel Relationnel) nous permet d'ajouter nos propres attentes aux attentes que nous percevons comme étant celles de notre environnement, et ceci afin de nous réaliser, d'être nous-même. Ces attentes personnelles vont nous amener à adopter de nouveaux comportements ; ceux-ci vont communiquer de nouvelles données à notre environnement, et donc le modifier.

Cette modification du système nous permet d'être davantage en relation avec nous-même et, de ce fait, plus disponible aux autres.

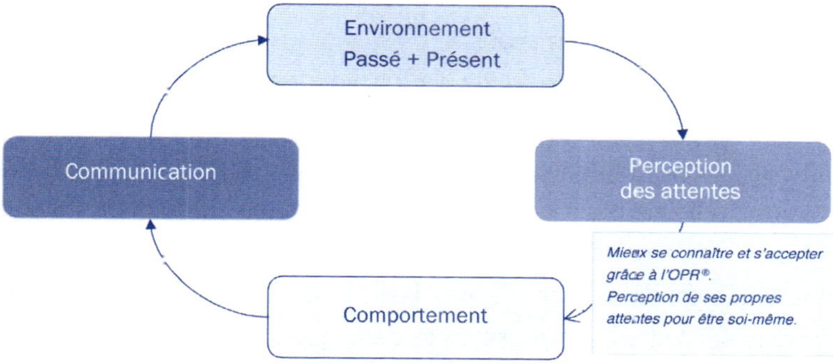

Figure 4.8 – Mieux se connaître et s'accepter grâce à l'OPR®

Grâce à l'exploitation du questionnaire, l'OPR® permet de découvrir pour chaque personne trois modes de fonctionnement. Ces trois profils correspondent aux sphères suivantes :

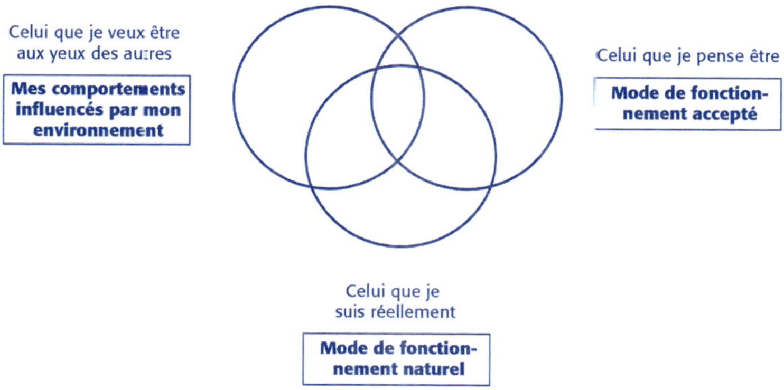

Figure 4.9

- Le profil imposé (« celui que je veux être aux yeux des autres ») est influencé par notre environnement pris au sens large. Ce profil correspond à la façon dont nous percevons les attentes de notre environnement. C'est le plus souple des trois profils, car il se modifie en fonction de ce qui nous entoure, mais surtout en fonction de la perception que nous en avons.

- Le profil naturel est le mode de fonctionnement le plus proche de notre personnalité. C'est nous au naturel, notre mode de fonctionnement sans contrainte. Le profil naturel est le fruit de toutes les informations que nous avons recueillies, de toutes les expériences que nous avons vécues et conservées en mémoire et acceptées, consciemment ou inconsciemment. Ce profil est le plus stable des trois, car il se modifie sur le long terme, selon le désir que nous avons de changer de fonctionnement.
- Le profil accepté, celui que nous ressentons comme étant le nôtre, identifie l'image que nous avons de nous-même. Il tient compte de notre connaissance de soi consciente et/ou inconsciente et de toutes les influences qui nous viennent de notre entourage. Ce profil évolue dans la mesure où le profil imposé évolue, puisque les deux sont liés.

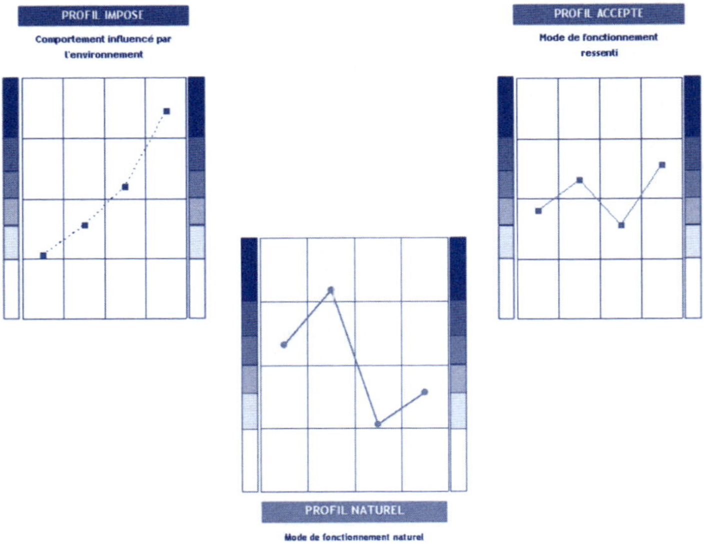

L'exemple suivant présente les trois profils du même homme, que nous allons appeler Jean. Ces profils résultent de l'exploitation du questionnaire rempli par Jean lui-même. On constate qu'il existe des différences entre ces trois profils. Quelle que soit la personne, d'ailleurs, il existe toujours des différences entre ses profils ; le plus important est de les interpréter !

Le profil imposé de Jean matérialise les comportements qu'il s'efforce d'avoir dans son environnement. Ce profil correspond donc à la façon dont Jean se représente les attentes de cet environnement.

Le profil naturel de Jean correspond à son mode de fonctionnement plaisir. C'est dans cette configuration qu'il s'épanouit le mieux et qu'il est le plus motivé, donc le plus efficace.

Le profil accepté de Jean reflète son état d'esprit au moment où il remplissait le questionnaire. C'est une synthèse entre son profil imposé et son profil naturel. C'est lui que le formateur certifié OPR® va restituer en premier à Jean. À partir du moment où Jean y retrouve l'image qu'il a de lui-même, il sera plus facile de l'aider ensuite à accepter son profil naturel, qui est parfois différent, ce qui est le cas en l'occurrence.

Voici ce que révèle le profil accepté de Jean :

Profil accepté

Perception de ce qu'il pense être.

Comportement à court terme.

Il aime s'entourer de personnes compétentes pour être plus efficace.

Il excelle dans la résolution de problèmes.

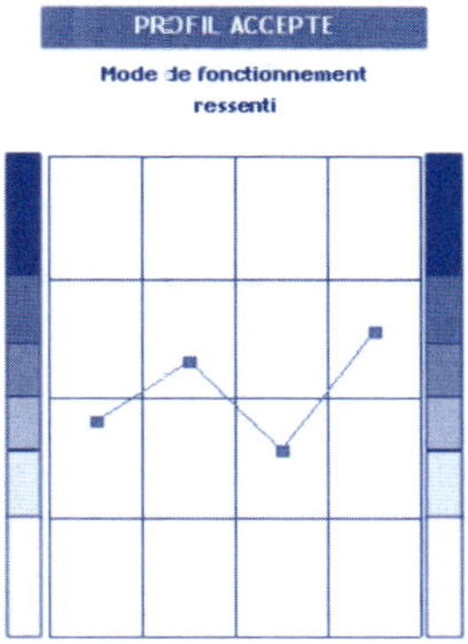

Il apprend plus facilement par expérience directe que par méthodes traditionnelles.

Il a le goût de la performance et de l'action.

Il a un style aimable et accommodant, mais peut parfois manquer de patience.

Il a des difficultés à imposer, amène les gens à comprendre par des faits l'intérêt qu'ils ont à agir.

Ses exposés sont à la fois structurés et vivants.

Curieux de tout et de toutes personnes, il cherche toujours à tout améliorer.

Il recherche les missions qui lui permettent de travailler en équipe avec un objectif bien défini.

Dans le profil naturel de Jean, qui est le plus important, nous retrouvons deux points au-dessus de la ligne médiane, qui correspondent à ce que Jean aime faire.

Profil naturel

Ce qu'il est vraiment.

Comportement à moyen terme.

Il fait confiance aux autres, il est enthousiaste.

Son objectif : l'autorité et le prestige, toutes sortes de symboles de standing social.

Il collabore avec les autres et les utilise à des fins professionnelles.

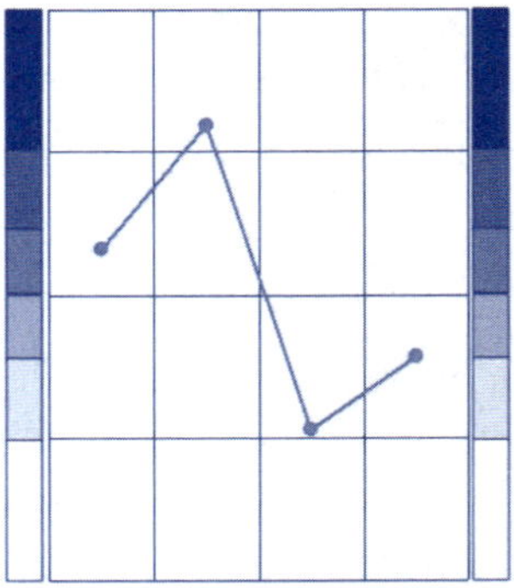

PROFIL NATUREL

Mode de fonctionnement naturel

Il est dynamique, s'intéresse à autrui, est capable de gagner le respect et la confiance de toutes sortes de gens.

Il a un abord sympathique, très ouvert.

Vendeur, il emporte l'accord final dans les négociations, délègue les responsabilités.

Il recherche les missions qui lui permettent de briller.

Il peut être d'un optimisme excessif quant aux résultats des projets et au potentiel des gens.

Il peut devenir malléable et crédule.

Il est organisé quand il désire briller.

Il cherche à se libérer de la routine, craint un environnement figé.

Jean a également deux points en dessous de la ligne médiane, qui correspondent à ce qu'il aime le moins faire. On dit que Jean est caractérisé comme « 2-1 », car son point le plus élevé se trouve dans la colonne 2, et celui qui suit, et qui est lui aussi au-dessus de la ligne médiane, se trouve dans la colonne 1.

Jean est donc une personne tournée vers les autres. Il a besoin d'être entouré, de faire partie d'une équipe, de créer et de vivre dans la confiance (c'est sa forte utilisation de la colonne « 2 »). Il a également besoin de liberté d'action, d'autonomie, de relever des défis et de prendre des risques (c'est sa forte utilisation de la colonne « 1 »). Jean est moins intéressé par tout ce qui est chiffres, concret, rigueur et résultats (colonne 4). Il accorde également peu d'importance aux méthodes, aux détails, aux procédures (colonne 3), qu'il considère comme des pertes de temps. C'est donc le profil de quelqu'un qui aime animer et conduire une équipe, en oubliant parfois de tenir compte de méthodes et d'un objectif de réalisation.

Profil imposé

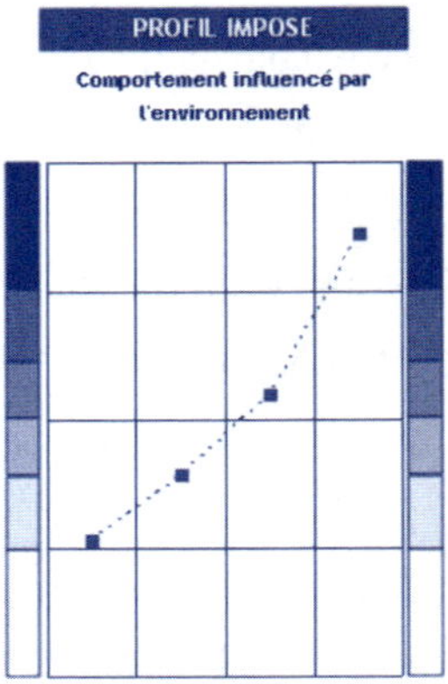

Le profil imposé de Jean, qui correspond au mode de fonctionnement que Jean s'impose d'avoir, ou qu'on lui impose selon lui, est celui qui est le plus souvent perçu par son entourage : ses collègues de travail, son manager ou sa femme reconnaîtront mieux Jean dans ce profil que dans les autres.

Pour comprendre ce profil imposé, il faut le comparer au profil naturel. Comme nous l'avons dit, il existe pour Jean des différences entre ces deux profils. Ce qui est riche et important, c'est de comprendre le pourquoi de ces différences.

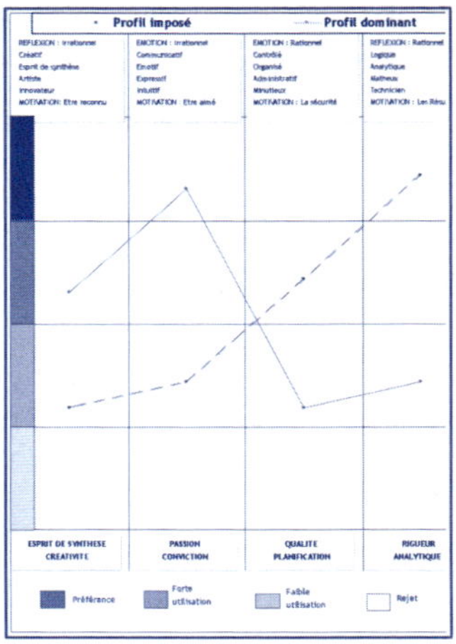

Grâce à ce graphique où sont superposés le profil naturel et le profil imposé de Jean, nous pouvons faire un certain nombre de constatations, en partant toujours du profil naturel, qui est la référence, et en allant vers le profil imposé. En l'occurrence, Jean descend ses points 1 et 2, et il monte ses points 3 et 4. Quand on descend un point, c'est que l'on manque de quelque chose par rapport à ce que l'on souhaiterait avoir. Ainsi, Jean n'a pas la possibilité d'utiliser autant qu'il le voudrait le point 1 et le point 2. Quand on monte un point, c'est que l'on s'oblige à utiliser quelque chose plus qu'on ne l'aimerait. Car l'environnement, à notre avis, nous y pousse.

À partir du moment où Jean descend son 1, c'est qu'il manque de :

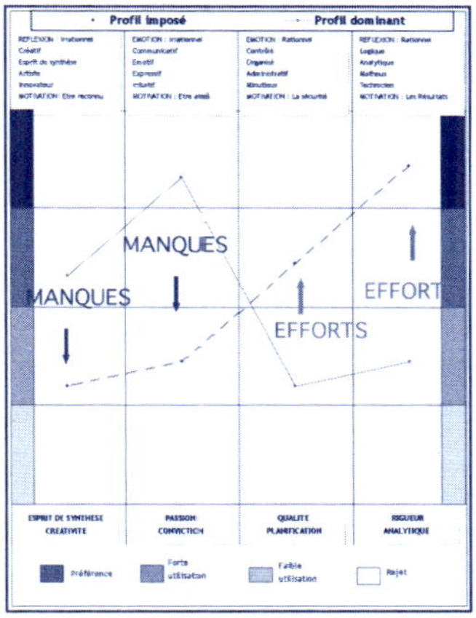

Nouveautés
Défis
Projets
Initiatives
Indépendance
Décisions
Reconnaissance

Par rapport à ce qu'il aime, et en fonction de ce dont il aime s'entourer.

Parmi ces mots, lors d'une restitution individuelle faite par un certifié OPR, Jean sera invité à choisir ceux qui correspondent le plus aux manques qu'il ressent. Une fois ces mots retenus, Jean pourra mieux comprendre ce qui lui fait le plus défaut dans la colonne 1 pour être pleinement en accord avec ce qu'il souhaite être. Jean sera invité par le formateur à faire la même chose avec des mots correspondant à la colonne 2.

Pour les colonnes 3 et 4, qui correspondent aux efforts que fait Jean par rapport à son fonctionnement naturel, on lui propose des mots qui évoquent ce qu'il s'oblige à faire, ou est obligé de faire.

À partir du moment où Jean monte son 4, c'est qu'il y a trop de :

Rigueur

Concret

Précision

Objectifs

Pression

Par rapport à ce qu'il aime et en fonction de ce qu'il attend de son environnement.

À partir de tous ces éléments d'analyse, Jean pourra comprendre ce qui l'empêche de bien utiliser son énergie pour être encore plus efficace et mieux dans sa peau qu'il ne l'est. Il saisira ce qui le gêne, et verra si cela vient de lui ou bien vraiment de son environnement.

Ainsi, Jean était persuadé que son manque de liberté et d'autonomie venait de l'attitude de son patron. Il pensait qu'il devait demander l'autorisation d'aménager ses horaires de travail chaque fois qu'il en avait le besoin ponctuel. Or, après avoir clairement constaté son sentiment de manque de liberté et échangé avec son patron sur cette question, il se rendit compte que sa hiérarchie avait toujours été d'accord pour le laisser libre d'adapter ses horaires, pourvu que Jean atteigne les objectifs de sa mission.

L'acceptation des résultats de l'OPR® et la compréhension des différences entre son profil naturel et son profil imposé ont permis à Jean, en modifiant sa perception des choses, en modifiant aussi légèrement son mode de fonctionnement, de trouver davantage de plaisir et de motivation. Cela lui a permis d'être plus efficace et plus épanoui dans son poste… sans rien révolutionner !

Il n'est pas si simple d'accepter les résultats de notre profil naturel, car il n'y a pas plus mauvais juge que soi-même. Lors des restitutions individuelles, ou parfois collectives, nous le constatons souvent.

Des séminaires sont régulièrement organisés pour présenter la méthode OPR® à des salariés et leur restituer à chacun leur profil. Au cours d'une séance de ce genre, j'expliquais les différences entre les colonnes 1, 2, 3 et 4, et surtout les effets de l'utilisation de ces colonnes, pour pouvoir ensuite donner leurs propres résultats à chacun des auditeurs.

Profil de Paul

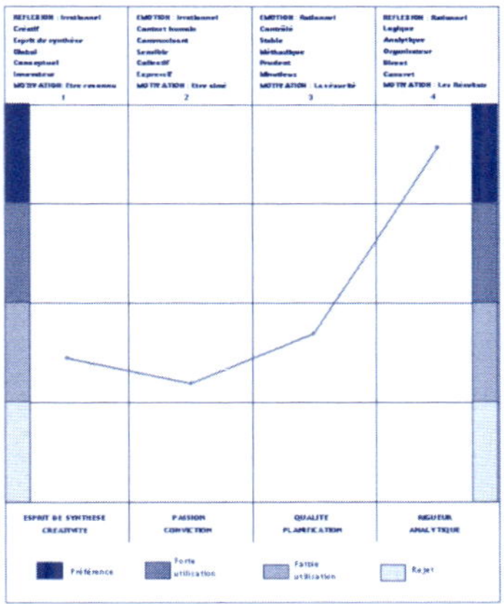

Or j'entendais depuis un moment les commentaires de l'un d'entre eux – appelons-le Paul – qui se reconnaissait clairement comme une personne utilisant beaucoup la colonne 2. Dès que je décrivais la façon d'être, les motivations, les attentes, les aptitudes que l'on a quand on utilise fortement cette colonne 2, je voyais Paul opiner vigoureusement de la tête. Lorsque, un moment plus tard, j'ai présenté les profils naturels des participants en leur demandant s'ils pensaient reconnaître le leur, Paul s'identifiait à tous les profils qui présentaient un point « 2 » assez haut. Puis j'ai présenté un profil avec un « 4 » très haut (comme Vincent) et les autres points – dont le 2 – sous la ligne médiane, et dévoilé qu'il s'agissait de celui de Paul ; il a été très surpris, et nous a avoué qu'il ne se voyait pas du tout comme cela.

À la fin de la journée, alors que chacun prenait un moment de pause, Paul est venu vers moi. De nouveau, il m'a fait part de ses doutes et de son malaise. Je l'ai invité à lire le document qui accompagnait son profil, et à revenir en discuter le lendemain s'il le souhaitait. Le lendemain matin, Paul est venu vers moi avec son document, et m'a raconté l'histoire suivante :

« Il y a quelques jours, j'ai parlé à ma femme et à mes enfants de cette formation à laquelle j'allais assister. Surprise : mon fils de 12 ans m'a dit « ça va te faire du bien ! Je lui ai demandé pourquoi, et il m'a répondu : « Tu sais papa, si tu es au travail comme tu es à la maison, les gens ne doivent pas toujours rigoler avec toi ». J'ai voulu qu'il s'explique, et il ne s'est pas fait prier : « Tu ne te rends pas compte ! Tu n'écoutes pas, tu veux toujours imposer ton point de vue, et je trouve que tu as des paroles dures, parfois ».

En lisant ce document qui accompagne mon profil, j'ai retrouvé beaucoup de ce que mon fils m'a dit ! Du coup, hier soir, j'ai téléphoné à ma femme et à mes enfants, et je leur ai dit que je les aimais. Ça peut paraître évident, mais je me suis rendu compte que je ne le leur disais jamais ! »

Il n'y a pas plus mauvais juge que soi-même. Paul se voyait très sociable, très communicant, il pensait être à l'écoute des autres. Il jugeait son côté direct, « rentre-dedans » comme normal, puisqu'il est comme ça ! Il confondait son besoin de clarté, de faits, avec la communication émotionnelle.

L'essentiel

- L'OPR® (Optimisation du Potentiel Relationnel) est une méthode pour mieux se comprendre et mieux comprendre son entourage.
- Il n'y a pas de bon ou de mauvais profil.
- Le profil OPR® permet de comprendre ce que la personne aime faire et ce qu'elle aime moins faire.
- Le profil OPR® permet de localiser le domaine dans lequel la personne sera la plus performante.
- Il ne sert à rien de vouloir motiver les autres, il faut créer les conditions pour qu'ils se motivent.
- Ce n'est pas le métier qui fait l'homme, c'est l'homme qui fait le métier.
- La perception de nos attentes nous dicte, nous impose des comportements.
- L'OPR® permet de découvrir pour chaque personne trois modes de fonctionnement (l'accepté, le naturel, l'imposé).

Partie 2

Ne pas vouloir la peau de l'autre

Sommaire

Chapitre 5

Portez-vous des lunettes ?

- **Un super-accident !**
- **De quoi sont faites ces lunettes ?**
- **Alors, l'accident, super ou pas super ?**
- **Qui a raison, qui a tort ?**
- **Les « pourquoi ? » et les « pourquoi pas ? »**
- **Êtes-vous en panne d'essence ou en panne de sens ?**

Chacun a sa façon de voir le monde. Or nous avons souvent l'impression d'être objectifs. Pourquoi ? Parce que nous n'avons pas conscience des « lunettes » mentales que nous portons : ces lunettes à travers lesquelles nous interprétons tout ce qui nous arrive.

Un super-accident !

Dans la région parisienne a lieu une formation de communication pour un groupe de cadres dirigeants. Les participants ont eu l'occasion de faire connaissance les uns avec les autres lors de la première journée. Ils ont décidé d'un commun accord de commencer la 2e journée à 9 heures, tout en connaissant les difficultés de circulation matinale dans la région. À l'heure dite, sur les 11 participants, 9 sont présents. Ils prennent ensemble un café d'accueil, et à 9 h 05 ils décident de démarrer.

Vers 9 h 15 la porte de la salle s'ouvre ; Sébastien, l'un des deux retardataires, entre. Sans s'interrompre, le formateur lui fait un petit signe aimable pour l'inviter à prendre place à la table. Sébastien semble mal à l'aise. Le formateur fait une rapide synthèse du début de la séance pour lui permettre de s'insérer plus facilement dans le groupe. Il continue à l'observer, et constate qu'il a toujours l'air d'aller mal, il est même tout blanc. Il lui demande, juste avant d'aborder un nouveau point à l'ordre du jour : « Alors Sébastien, vous avez eu du mal à nous rejoindre… ». Sébastien raconte alors avec difficulté qu'il a rencontré des embouteillages dus à un grave accident. En passant devant l'endroit où a eu lieu cet accident, il a vu des corps étendus, des pompiers qui s'affairaient… « Je pense aux blessés et à leur famille, c'est terrible pour eux », confie Sébastien, encore sous le choc. Il est alors 9 h 30, et Clément le second retardataire, fait son entrée dans la salle. Tandis qu'il s'installe, le formateur le salue et lui demande : « Vous aussi, vous avez été retardé par un accident ? ». Clément se frotte les mains et déclare d'une voix forte : « Oui, il y a eu un super-accident ! Ca va être une bonne journée pour les garagistes du coin... » Des murmures de réprobation se font entendre ici et là.

Et vous, lecteur, quelle est votre réaction ? Avez-vous pensé, en lisant cette anecdote, que Clément était trop brutal ? Le trouvez-vous insensible à la douleur des personnes accidentées et de leurs proches ? Ou bien pensez-vous que Sébastien fait preuve de sensiblerie ? En vous posant ces questions, et en y répondant à votre façon, vous constatez déjà que vous donnez une certaine couleur à la réalité. Sébastien utilise beaucoup la colonne 2 des préférences OPR®, comme Aimée (voir chapitre 1), tandis que Clément utilise beaucoup la colonne 4, comme Vincent. Selon votre propre façon de fonctionner, vous vous sentez spontanément proche de l'un ou de l'autre.

Cette histoire montre qu'on peut vivre la même situation de manières différentes, voire opposées. Ces différences sont toujours dues à notre façon de nous comporter en général. Chacun a une façon de voir la vie qui lui est propre. C'est comme si l'on regardait au travers d'un filtre qui grossit certaines choses et en rapetisse d'autres, nous fait voir les détails plutôt que l'ensemble, ou le contraire... Nous percevons les qualités ou les défauts des autres plus grands qu'ils ne le sont, ou encore nous sommes persuadés que notre solution à un problème est la seule qui soit bonne... Il en va de même du point de vue affectif. Chaque être humain, bien sûr, ressent des émotions, et le Clément de cette anecdote autant que les autres. Mais chacun les utilise à sa façon. L'un va se protéger en cachant ce qu'il ressent, l'autre va au contraire l'extérioriser... Il n'y a pas une bonne façon de faire et une mauvaise, il y a différentes façons de réagir selon notre mode de fonctionnement. Et ce mode de fonctionnement, justement, c'est le filtre que nous glissons sans nous en rendre compte entre nous et la réalité, à chaque instant de la vie quotidienne. Tout le monde en possède un. Du coup, impossible d'être objectif, même quand nous croyons l'être. L'objectivité n'existe pas. Quand nous disons : « Mais je t'assure, je suis objectif ! », nous n'avons pas conscience de l'existence de ce filtre avec lequel nous colorons forcément les événements. Ou encore, nous avons peur d'admettre son existence. Ce filtre peut être comparé à des lunettes, roses pour les uns, grises ou noires pour d'autres, équipées de verres grossissants ou « rapetissants »... Et nous ne portons jamais exactement les mêmes lunettes que notre voisin !

De quoi sont faites ces lunettes ?

Ces lunettes mentales représentent notre cadre de référence, qui est une composante très importante de notre personnalité. Ce cadre de référence s'est construit au fil du temps, à partir de nombreux critères :

- l'histoire que nous avons vécue depuis notre enfance ;
- notre éducation, qui nous vient de nos parents, mais aussi de l'école, des médias, de nos rencontres diverses. Même si cette idée peut choquer, il est possible de comparer l'éducation, prise au sens large, à un conditionnement : nous sommes conditionnés par notre culture à être poli, à parler de telle façon, à pleurer quand nous sommes tristes ou à nous l'interdire...
- notre culture, issue de notre éducation et de nos expériences de vie ;
- les activités qui nous passionnent ;
- les valeurs que nous nous forgeons au fil du temps, qu'elles soient religieuses, politiques ou morales (les sujets que l'on évite traditionnellement d'évoquer en famille parce que ce sont « des sujets qui fâchent » !) ;
- nos traits de caractère ;
- nos problèmes passés et actuels, qui polluent souvent notre façon de voir les choses ;

- nos craintes, souvent issues de notre enfance ;
- nos désirs, qu'ils soient avoués ou non (avoués aux autres, avoués à nous-mêmes) ;
- notre émotivité, et la façon dont nous l'utilisons dans notre rapport à l'autre.

L'objectivité n'existe pas, c'est un idéal.

Nous ne voyons plus les lunettes au travers desquelles nous regardons le monde : ce filtre s'est construit si lentement qu'il en devient invisible à nos propres yeux. Connaissez-vous cette expérience qui a été tentée avec des grenouilles (attention, ne jamais la faire soi-même !) ? Une grenouille est plongée dans une casserole d'eau bouillante. Elle fait mille efforts pour sortir de ce milieu insupportable, elle se débat pour sauver sa peau. Une autre grenouille est déposée dans une casserole d'eau froide. Elle s'y sent bien, elle ne bouge pas. Quand on allume le feu sous le récipient, la grenouille se réchauffe progressivement, en même temps que l'eau. Elle finit par mourir ébouillantée, sans s'être débattue : elle ne s'est rendue compte du danger à aucun moment, tant l'évolution était progressive.

L'adaptation inconsciente peut être négative.

Prenons quelques exemples pour voir comment nos « lunettes » peuvent se constituer.

Nos parents, nos amis nous ont transmis des façons de voir la vie, des filtres donc (voir la notion d'environnement en OPR, chapitre 4). C'est logique : ils ont vécu des situations, ils en ont tiré des conclusions, et ils nous en ont fait part, souvent avec la conviction de bien faire. Ils ne se rendent pas compte qu'en fait ils nous empêchent parfois de vivre les situations par nous-mêmes. Ce qu'on nous a dit dans le passé, ce que nous entendons chaque jour, devient pour nous une référence que nous ne remettons pas en question. Du coup, nous ne voyons plus les choses avec nos propres yeux, comme si elles étaient neuves. Prenons un exemple. Si nos parents ont vécu une expérience malheureuse avec un agent immobilier, ils ont pu nous dire, ou dire devant nous, que les agents immobiliers étaient des filous, et qu'il fallait s'en méfier. Arrive le jour où on acquiert un bien immobilier, tout se passe très bien… Mais on devient méfiant car on se rappelle l'avertissement parental, et on redoute de se faire avoir, sans raison particulière… Nous sortons donc rarement des habitudes de pensée dont nous avons hérité. Même si elles ne font pas toujours notre bonheur ! Nous sommes tant habitués à elles…

Le système éducatif, lui aussi, peut mettre en place des filtres. En classe, on demande aux enfants de se taire, ce qui peut se comprendre bien entendu. Mais comme le disait en substance Françoise Dolto, on apprend aux enfants à parler et à marcher, et ensuite on leur demande de se taire et de ne pas bouger… On leur dispense un savoir, et en même temps on les empêche souvent de s'exprimer, voire de contester… On leur dit aussi de ne pas copier sur leur voisin. Logique. Mais plus tard, dans les entreprises, on demande aux salariés de travailler en équipe, de partager leur savoir, et on s'étonne qu'ils y mettent de la mauvaise volonté. Ces salariés pensent sans doute, comme on le leur a appris à l'école : « Qu'il se débrouille tout seul pour trouver ce dont il a besoin, il n'a pas à copier sur moi ; pourquoi est-ce que je lui donnerais la solution ? Moi j'ai eu du mal à la trouver, il n'y a pas de raison pour que les autres n'en bavent pas à leur tour… »

Les études devraient nous aider à penser par nous-mêmes. Parfois elles le font, parfois au contraire elles nous formatent l'esprit. Un professeur remettant à ses étudiants un diplôme d'études supérieures leur expliquait un our à juste titre : « Votre diplôme, c'est votre référence. Mais ce qui va faire la différence, c'est votre personnalité ». Il faut garder son libre arbitre pendant et après ses études. Le but n'est pas de reproduire ce que des gens éminents nous disent de faire, mais de garder intacte son envie de « grandir ». Nous accumulons des connaissances, puis nous les expérimentons, nous les testons… pour choisir nous-mêmes la teinte de nos lunettes.

Alors, l'accident, super ou pas super ?

Pour revenir à notre histoire d'accident de la route, on peut mieux comprendre à présent pourquoi les deux retardataires ont réagi de façons si différentes face au même événement impressionnant. Sébastien a besoin d'extérioriser ses émotions. Son filtre, sa façon de fonctionner sont très imprégnés de ce besoin. Clément, lui, n'utilise pas, ou très peu, ses émotions dans sa façon de percevoir les événements. Du coup, il peut paraître froid, détaché, dur, et choquer ceux qui, comme Sébastien, colorent la réalité de façon très émotive. Aux yeux de Clément, Sébastien peut au contraire donner une image de sensiblerie, et sembler victime de ses émotions. Car Clément fonctionne à partir du rationnel, de la logique. De l'accident, il a retenu l'aspect pratique, il a focalisé son attention sur les dégâts matériels. Il a peut-être un côté fataliste : « Oui, un accident, cela signifie souvent qu'il y a des blessés, des morts, mais on n'y peut rien, ce n'est pas en larmoyant qu'on va aider ces gens ».

Nous connaissons tous des personnes comme Sébastien, qui cherchent à protéger les autres et ont l'impression de porter tout le malheur du monde. Des gens qui ont du mal à se détacher émotionnellement des situations qui les entourent. Nous connaissons aussi des Clément, qui peuvent nous apparaître comme des sans-cœur, et nous perturbent avec leur attitude détachée.

Qui a raison, qui a tort ?

Vous l'avez compris : nous ne voyons pas le monde tel qu'il est. Nous le percevons tel que nous sommes « conditionnés » à le percevoir, donc, finalement, à notre image. Cela ne veut pas dire que nous n'y pouvons rien ! Plus nous prenons conscience de l'influence de ce filtre sur notre vécu, plus nous voyons les comportements que ce filtre nous dicte (voir profil OPR®). Donc, mieux nous connaissons notre filtre, mieux nous pouvons rester ouverts aux autres, à l'environnement, aux possibilités qui s'offrent à nous… Tout cela est très concret ! Par exemple, quelqu'un qui dit : « Tout le monde est triste, agressif, je ne comprends pas pourquoi » est sans doute lui-même dans un état d'esprit négatif…

Vous connaissez peut-être l'histoire suivante. Deux entreprises concurrentes, spécialisées dans la vente de chaussures, envoient chacune un vendeur en Afrique pour estimer les potentialités de ce marché. Au bout d'une semaine, chacun de ces deux vendeurs passe un coup de fil à son supérieur. Le premier déclare : « Rien à faire, il n'y a pas de marché ici : les Africains marchent pieds nus ». Le second explique : « C'est formidable, tout est possible ici pour une entreprise de chaussures : les Africains marchent pieds nus ! ».

Nous sommes des victimes consentantes de notre environnement…

Qui a raison, qui a tort ? Impossible d'en juger. Mais une chose est certaine : dans cette histoire, le vendeur optimiste a au moins la faculté de vouloir entreprendre. Il veut essayer, car une sorte de croyance l'y pousse. L'autre, avec sa vision plutôt pessimiste des choses, ne s'autorise rien. Donc sa démarche aura peu de chances d'aboutir.

Vous qui vous désespérez en lisant ces lignes, en vous disant que vous êtes plutôt pessimiste et que vous n'irez nulle part… Réagissez ! L'optimisme se cultive.

Le pessimisme est un état, L'optimisme est une action.

L'important, finalement, ce n'est pas d'être pessimiste ou optimiste, mais le dosage qu'on réalise entre ces deux ingrédients en fonction de la situation. Il n'est pas bon d'être pessimiste. Mais il n'est pas bon non plus d'être trop optimiste, car cela revient à vouloir éviter de voir les difficultés. Nous pouvons travailler de la même manière sur tous les aspects de nos lunettes mentales.

Les « pourquoi ? » et les « pourquoi pas ? »

L'avez-vous remarqué ? Quand vous avez une nouvelle idée, ou envie de faire les choses autrement, il y a souvent des gens pour vous demander « pourquoi ? ». Et quand vous avez répondu aux premiers « pourquoi ? », ils en trouvent d'autres. L'accumulation de ces questions finit par faire baisser l'intensité de votre rêve, de votre désir d'entreprendre. Cela casse votre envie d'aller au bout de votre idée. Les « pourquoi ? » mettent des barrières, à tort ou à raison.

Cela dit, vous avez peut-être la chance d'avoir un « pourquoi pas ? » dans votre entourage. Dès que vous émettez une idée, il vous écoute et répond volontiers : « pourquoi pas ? ». Il est prêt à vous suivre, pas forcément de façon aveugle, mais en vous donnant la possibilité de développer votre idée avant d'évoquer les difficultés qu'elle présente peut-être. Du coup, les potentialités s'ouvrent, comme dans cette histoire de l'étranger qui arrive dans un village. Dans le village, tout le monde savait que telle chose était impossible à faire. Un jour, un étranger est arrivé, et il a fait cette chose. Car il ne savait pas que c'était impossible.

Et vous, êtes-vous un « pourquoi ? » ou un « pourquoi pas ? »

Êtes-vous en panne d'essence ou en panne de sens ?

Un couple se promène en voiture un dimanche après-midi. Après avoir roulé un moment sur une petite route de campagne très isolée, il tombe en panne d'essence.

L'homme essuie une salve de reproches de la part de son épouse : « Je t'avais bien dit de faire le plein ! ». Sans répondre, il ouvre son coffre et y découvre que le bidon de réserve est vide. Nouvelle salve de propos amers… Il décide finalement d'aller à pied demander du carburant au propriétaire d'une maison croisée il y a peu. Il part donc, le bidon à la main, confiant, rassuré d'avoir trouvé une solution à son problème. Il marche, marche ; la maison est plus loin qu'il ne l'avait pensé. La nuit commence à tomber sur la petite route déserte. Des pensées noires commencent à l'assaillir : « Si ça continue, je vais arriver à la nuit tombée ! Des gens qui habitent si loin de tout doivent craindre les voleurs, ils vont se méfier… Et puis ils ont sûrement un chien de garde, je vais tomber sur un molosse qui va me mordre dès que j'aurai franchi le portail… »

La nuit tombe, amplifiant encore ces pensées négatives. Enfin, l'homme arrive devant la maison qu'il cherchait. Il fait très sombre en cette fin de journée d'hiver, les volets sont clos, aucune lumière nulle part. Premier danger : le chien. L'homme ouvre doucement le portail, qui grince. Aucun aboiement, aucun signe d'hostilité. Le gravier crisse dans le silence, ses pas résonnent à ses oreilles. Il s'approche du bâtiment, ses sombres pensées reviennent en force : « Je vais déranger les habitants, pour peu que l'homme soit un chasseur, comme il y en a tant dans cette région à gibier, il va m'accueillir à coups de plombs, et me refuser son aide… » La pression monte, la peur s'installe, malgré cela l'homme trouve la force d'aller frapper à la porte. Pas de réponse. Il frappe plus fort, tout en se préparant à entendre le bruit du fusil ! Enfin, le volet du premier étage s'entrouvre, le propriétaire des lieux apparaît et demande d'une voix étonnée et neutre ce que veut le visiteur. Celui-ci, conditionné par toutes les idées négatives qu'il s'est créées en chemin, prend le bidon et le jette violemment contre la porte tout en vociférant : « Garde-la, ton essence, puisque tu ne veux pas m'en donner ! » et il s'enfuit sous le regard interdit de l'habitant de la maison.

L'homme en panne d'essence a été complètement conditionné par son environnement. Il a reproduit un rôle dicté par ses préjugés, les influences, les informations non réfléchies, les émotions négatives… Ses comportements ont découlé de sa perception, à ce moment précis, de son environnement. Combien de fois réagissons-nous en fonction de ce que nous nous sentons obligés de faire ? Combien de fois regrettons-nous nos comportements sans avoir la ressource de les modifier ?

On attribue à l'autre ce que l'on pense soi-même. Cela arrive aussi dans le domaine professionnel.

Le même homme se rend au bureau le lundi matin. Les émotions du week-end l'ont éprouvé, il a passé une mauvaise nuit et se sent fatigué. En passant devant le bureau de son supérieur, il entend une conversation animée, et il lui semble que l'on prononce son nom d'un ton peu engageant. Justement, il a demandé une augmentation la semaine passée, et il attend la réponse avec impatience. Tout en allumant son ordinateur, il se dit qu'il a finalement peu de chances d'être augmenté : ses résultats n'ont pas été si brillants que cela, et puis il devine que des collègues jaloux intriguent contre lui depuis quelque temps... Sans compter que son supérieur le traite avec un certain dédain. Aussi, lorsque celui-ci entre dans son bureau, un papier à la main, l'homme déclare, découragé et un brin agacé : « Je sais, je sais, ce sera pour la prochaine fois ! » Il n'en croit pas ses yeux quand il lit l'acceptation de sa demande, et une grande interrogation dans les yeux de son supérieur.

L'essentiel

- Chacun de nous a sa façon de voir le monde.
- On peut vivre la même situation de manières différentes, voire opposées.
- L'objectivité n'existe pas, c'est un idéal !
- Nous avons tous un filtre (notre cerveau) qui colore les événements ; ce filtre peut être comparé à des lunettes de couleurs différentes.
- L'adaptation inconsciente à notre environnement peut être négative.
- Nous sortons difficilement des habitudes de pensée dont nous avons hérité.
- Nous ne voyons pas le monde tel qu'il est, nous le percevons tel que nous sommes conditionnés à le voir.
- Nous sommes des victimes consentantes de notre environnement.
- On attribue souvent à l'autre ce que l'on pense soi-même.

Chapitre 6

Et si l'enfer, ce n'était pas que les autres ?

- « Il s'aime bien, lui ! »
- Une étiquette par ci, une étiquette par là
- « Je suis bien, tout va bien, il est bien »
- Il ne sert à rien de vouloir changer quelqu'un

Nous avons presque tous un réflexe de défense : face à une difficulté dans une relation ou une situation donnée, nous avons tendance à en rejeter la faute sur l'autre. Nous pensons par exemple : « Il est vraiment difficile à vivre », « Elle complique tout le temps les choses », « Il ne comprend rien », « Elle y met de la mauvaise volonté »… Nous sommes persuadés d'avoir fait le maximum pour que tout se passe bien. Et nous pensons assez rapidement que c'est l'autre qui ne veut pas, qui nous met des bâtons dans les roues… Or dans toute relation interviennent à la fois notre émotion et l'émotion de l'autre. Notre émotion nous porte à croire que c'est l'autre le responsable, alors que nous ferions mieux de regarder de plus près notre propre comportement. Nous allons découvrir ensemble dans ce chapitre que le principal responsable d'une non-communication, c'est d'abord nous.

« Il s'aime bien, lui ! »

Dans les formations que j'anime en entreprise sur le développement personnel et l'amélioration des relations, je pose souvent une question cruciale. Mais juste avant de la poser, je demande aux gens qui m'entourent : « Mettez-vous à l'aise, bien droit sur votre chaise. ». Vous aussi, lecteur, vous pouvez jouer le jeu : redressez-vous, asseyez-vous confortablement, et libérez l'une de vos mains un instant (sans faire tomber le livre !). Reprenons le cours de la réunion. Une fois que tout le monde est de nouveau à l'écoute, je continue : « C'est un exercice de rapidité. Vous êtes prêts ? Oui ? Alors voilà : que ceux qui s'aiment lèvent la main ! ». Je lève aussitôt la main, pour encourager les autres, et parce que j'ai réellement appris à m'aimer ! Certains lèvent la main spontanément, d'autres hésitent puis imitent les premiers, d'autres encore restent les mains posées sur la table. Avant de vous expliquer le pourquoi de l'exercice, je vais vous raconter ce qui s'est passé au seul stage de toute ma carrière où personne, à part moi, n'a levé la main.

L'ambiance dans le groupe était bonne, jusqu'à cet exercice fatidique. Et là, me voyant tout seul avec la main levée, une jeune femme déclare à haute voix : « Il s'aime bien, lui ! ? » Moi, la main toujours levée, je lui réponds : « oui ! ». Elle rétorque, toujours à la 3e personne, comme si tout lien humain était coupé entre elle et moi : « Eh bien, il n'est pas difficile ! » Elle continue : « Il se croit plus fort que les autres ! ». Était-elle tendue, angoissée, avait-elle peur de son propre regard sur elle-même ?

Dans les groupes habituels où il se trouve toujours quelques personnes pour lever la main, lorsque je leur demande : « Vous sentez-vous plus fortes que les autres ? », elles répondent invariablement « non ».

S'aimer, c'est s'accepter tel que l'on est.

Quelles conclusions tirer de cette petite gymnastique ? Simplement ceci : s'aimer ne nous rend pas plus fort que les autres. En revanche, cela permet de se sentir plus fort soi-même, car on s'accepte tel qu'on est, avec ses défauts et ses qualités, sans se juger trop durement. Le fait de s'aimer donne confiance en soi. C'est une façon de se dire : « Je suis comme je suis, avec des choses qui me plaisent et d'autres qui me plaisent moins, et finalement le résultat me va bien ». Ceux qui lèvent la main dans les séances de formation sont dans cette logique-là. Pour d'autres c'est plus difficile, souvent parce qu'on leur a fait sentir, tout au long de leur éducation, que c'était mal de s'aimer. Quand un enfant se regarde souvent dans la glace, on finit en général par le lui reprocher alors que c'est une manière pour lui de se découvrir, de s'accepter. Dans l'esprit de beaucoup de gens, s'aimer donne l'impression qu'on n'aime pas les autres. Or c'est exactement le contraire : on ne peut donner de l'amour aux autres que si on en a pour soi. Et l'on ne peut pas entrer dans une relation constructive sans aimer la personne avec laquelle on communique. Qu'entend-on par « aimer », dans ce cas précis ? Aimer quelqu'un, c'est l'accepter tel qu'il est, ne pas l'enfermer dans nos préjugés. C'est rester ouvert à sa façon d'être, de fonctionner, sans arrière-pensée négative. C'est le reconnaître. Ainsi, le plus important n'est pas d'aimer un enfant, c'est de l'aider à s'aimer lui-même.

Aimer quelqu'un, c'est l'accepter tel qu'il est.

Une étiquette par-ci, une étiquette par-là

Nous avons tendance à mettre des étiquettes sur le front des gens rencontrés. D'abord en fonction de ce qu'on nous a dit d'eux. Si on nous a prévenu que la personne que nous allons rencontrer pour la première fois est quelqu'un de « négatif », de « désagréable », nous risquons fort d'avoir des préjugés défavorables à son égard ! Un autre facteur compte beaucoup aussi : notre première impression lorsque nous rencontrons une nouvelle personne, en fonction de sa communication non verbale : sa façon de bouger, de s'habiller, son maintien, son visage fermé ou souriant nous influencent… D'ailleurs, lorsque nous formons des commerciaux, nous leur recommandons de soigner particulièrement leur communication non verbale lors de leur première rencontre avec un client, et de porter leur attention sur la personne qu'ils rencontrent. Ils doivent faire en sorte de se sentir à l'aise, tout en mettant à l'aise leur interlocuteur.

On n'a jamais une seconde chance de faire une première bonne impression.

Un jour, je devais rencontrer les cadres d'une entreprise en entretien individuel, pour préparer une formation en interne. Après la séance du matin, je déjeune avec le PDG, qui me demande qui je vais voir en début d'après-midi.

« Il s'appelle Jean-Pierre.

– Ah, Jean-Pierre ! Oh là, méfiez-vous !

– Pourquoi ?

– Il n'est pas sociable, il va vous poser problème pour la formation. »

Après ce déjeuner, je me rends dans la salle des entretiens où Jean-Pierre me rejoint bientôt. À peine entré, il manifeste son opposition, et je sens son hostilité quand il me déclare :

« Je n'ai pas le temps ! De toute façon je suis contre le projet, ce n'est pas avec moi que vous allez avancer ! »

Je reste calme et me dis intérieurement : « Ne tombe pas dans le piège des étiquettes, tout le monde t'a prévenu contre lui, et alors ? » Je reste ouvert et décide de découvrir Jean-Pierre par moi-même, en fonction de l'entretien, et non des rumeurs. Je me montre aussi direct que lui, tout en restant calme et souriant. Je ne veux pas lui donner l'impression que je le juge, ni que je l'agresse. Je lui réponds donc :

« Très bien, vous n'avez pas le temps, je comprends que vous ayez beaucoup de travail. On fera cet entretien une prochaine fois, ou bien pas du tout. »

Jean-Pierre est surpris que quelqu'un adopte sa propre façon de réagir, et il sent que je reste ouvert à l'échange. Il décide de s'asseoir quelques minutes, et de fil en aiguille, finalement, nous réalisons l'entretien, qui se déroule très bien... Le lendemain, ses collègues me demandent ce que j'ai fait à ce fameux Jean-Pierre, catalogué comme asocial depuis des lustres !

La rencontre avec Jean-Pierre aurait pu être faussée par l'opinion que ses collègues avaient de lui. Les étiquettes que nous imposent les autres sont difficiles à décoller. Mais celles que nous nous collons à nous-mêmes sont encore bien plus difficiles à enlever ! Elles nous viennent de loin, souvent de notre enfance.

À force de nous entendre dire « Tu n'y arriveras jamais », « Tu dois y arriver coûte que coûte », « Tu es trop timide », « Sois plus ouvert aux autres », « Tu es nul », « Tu as un potentiel, ne le gâche pas », etc., nous finissons par y croire, et accepter ces axiomes. Ils deviennent des micro mythes : des croyances intimes qui vont se transformer en schémas de vie. Devenus adultes, nous subissons ces schémas de vie, ou bien nous refusons ces micro-mythes et nous nous efforçons de prouver qu'ils sont faux. Dans les deux cas, ils génèrent des sortes d'automatismes. Celui qui, enfant, s'entendait répéter « Tu n'y arriveras jamais » peut s'ordonner sans cesse, une fois adulte, « Je dois absolument réussir ». Il devient très exigeant avec lui-même et avec les autres, et développe un schéma de vie sur le thème « Sois parfait ». Un autre, considéré comme trop timide dans son enfance, cherchera à aller vers les autres et à séduire tout le temps. Son schéma de vie sera « Fais plaisir ».

Les schémas de vie les plus courants aujourd'hui sont :

1. Sois fort, ne te laisse pas faire.
2. Fais des efforts, tu peux toujours plus.
3. Sois ouvert, fais tout pour les autres.
4. Dépêche-toi, ne remets rien à demain.
5. Sois parfait, ne laisse rien au hasard.

1. « Sois fort, ne te laisse pas faire »

Si vous développez ce schéma de vie, vous vous sentez obligé de prendre des responsabilités, d'agir sans trop vous occuper des autres. Vous avez tendance à sous-estimer ceux qui vous entourent, vous avez du mal à faire confiance et à déléguer.

Vous répétez souvent :

« Il n'y a que le résultat qui compte »

« Il ne faut pas montrer ses faiblesses »

Vos comportements vous poussent à cacher vos faiblesses, justement. Vous êtes souvent surmené, et vous créez des tensions autour de vous. Vous avez peur de vos émotions, et vous avez tendance à cacher vos inquiétudes.

Pour vous libérer de ce scénario de vie :

- Vous devez accepter et admettre vos erreurs.
- Vous devez être plus tolérant et compréhensif.
- Soyez plus ouvert aux autres.

2. « Fais des efforts, tu peux toujours plus »

Si vous développez ce schéma de vie, vous pensez qu'il faut sans cesse travailler dur, avec obstination. Pour vous, l'effort est plus important que le résultat. Vous ressentez le besoin de vous opposer, et vous rendez les choses difficiles. Vous avez tendance à faire la morale aux autres et à les culpabiliser.

Vous répétez souvent : « Il faut travailler dur pour réussir ».

Vos comportements vous entraînent à être désordonné et à faire plusieurs choses en même temps. Vous pouvez être instable et travailler trop.

Pour vous libérer de ce scénario de vie :

- Vous devez faire plus de choses par plaisir
- Vous devez équilibrer vos efforts, avoir le goût des choses simples et du bonheur.
- Soyez moins exigeant.

3. « Sois ouvert, fais tout pour les autres »

Si vous agissez selon ce schéma de vie, vous aimez vous occuper des autres, leur rendre service, les conseiller. Vos actions sont guidées par le dévouement. Vous avez tendance à dire très souvent « oui » aux demandes, même lorsque vous n'êtes pas convaincu de leur bien-fondé. Car vous n'osez pas dire « non » de peur de ne plus être aimé.

Vous répétez souvent : « On doit tout faire pour aider les autres ».

Vos comportements vous font suivre les événements sans établir de priorités. Vous vous laissez envahir par toutes les demandes des autres. Vous pouvez avoir peur de prendre des décisions et de faire face à vos responsabilités. Vous dépendez trop du regard et de l'appréciation des autres.

Pour ne plus être prisonnier de ce scénario de vie :

- Vous devez oser dire « non », au risque de déplaire
- Vous devez dire les choses désagréables quand c'est nécessaire
- Évitez d'attendre des compliments
- Agissez en fonction de vos critères, de vos valeurs à vous.
- Pensez aussi à vous.

4. « Dépêche-toi, ne remets rien à demain »

Si ce schéma de vie est le vôtre, vous avez une certaine tendance à l'activisme.

Vous menez beaucoup d'actions en même temps.

Vous pouvez être dispersé, agité, mais efficace.

Vous mettez la pression autour de vous.

Vous répétez souvent :

« Il faut agir et réfléchir après »

« Prendre trop de temps, c'est perdre son temps »

Vos comportements vous poussent à vouloir aller trop vite.

Vous pouvez être survolté, surmené et agité. L'essentiel pour vous est de tout faire rapidement. Vous manquez toujours de temps.

Pour ne plus être prisonnier de ce schéma de vie :

- Allez plus doucement, agissez posément, après avoir réfléchi.
- Ralentissez votre rythme de travail.
- Apprenez à ne rien faire.
- Vivez mieux votre temps.

5. Sois parfait, ne laisse rien au hasard

Si vous vous reconnaissez dans ce schéma de vie, vous voulez être irréprochable. Vous voulez tout organiser, planifier, ordonner. Vous cherchez à tout contrôler, à avoir une maîtrise parfaite. Pour vous, le processus est plus important que le résultat.

Vous répétez souvent : « Rien ne se fait sans méthodes ».

Vos comportements génèrent une grande anxiété autour de vous. Vous faites et refaites les choses pour les parfaire. Votre emploi du temps est rigide, vous êtes parfois lent et trop scrupuleux.

Pour ne plus être prisonnier de ce schéma de vie :

- Soyez plus tolérant sur ce qui vous entoure.
- Considérez la perfection comme utopique.
- Soyez plus souple et plus positif.

Il est important de se souvenir de ses micro-mythes, et de trouver les scénarios de vie qui en découlent, car nous les utilisons de façon automatique, sans en avoir conscience. Ces scénarios sont parfois des pièges, car ils nous font réagir de façon inadaptée à certaines situations. En prendre conscience nous permet de commencer à sortir de nos comportements programmés, et de nous adapter plus justement aux relations et aux situations rencontrées. Vous avez sûrement reconnu quel micro-mythe vous subissez. Ce micro-mythe affaiblit votre mode de fonctionnement naturel tel que défini par l'OPR®. Il perturbe votre confiance en vous et vous empêche d'utiliser pleinement votre potentiel relationnel.

« Je suis bien, tout va bien, il est bien »

Le fait de s'aimer soi-même, de s'accepter tel qu'on est, a deux avantages : cela réduit les risques de se dire « C'est ma faute », ainsi que le risque de se dire « C'est la faute de l'autre » quand quelque chose va de travers dans une relation. On est en confiance, donc on crée plus facilement une relation où tout le monde trouve son compte. Une relation gagnant-gagnant. En somme, quand on se dit « Je suis quelqu'un de bien, et l'autre est quelqu'un de bien », on évite les trois autres attitudes, qui sont toutes négatives d'une façon ou d'une autre :

- « Je suis bien, l'autre n'est pas bien » ;
- « Je ne suis pas bien, l'autre est bien » ;
- « Je ne suis pas bien, l'autre n'est pas bien ».

Toute communication comporte trois éléments fondamentaux : l'émetteur, le message, et le récepteur. En règle générale, quand un message n'est pas compris, nous avons tendance à en rejeter la faute sur le récepteur. Nous pensons : « Il n'a pas compris, donc il est stupide » ou pire « Il n'a pas compris, il le fait exprès pour m'embêter ». Pourtant, si l'on regarde les choses calmement, c'est l'émetteur qui est responsable de la compréhension du message. Quand on n'est pas compris, c'est qu'on a mal transmis le message, ou qu'on n'a pas assez pris en compte la personne réceptrice dans notre façon de formuler ce message. La raison en est simple : nous communiquons souvent comme nous voudrions que les autres communiquent avec nous. Retournons la situation : quelqu'un vous transmet un message, mais vous ne le comprenez pas bien. Sans doute l'émetteur du message vous a-t-il expliqué les choses « comme pour lui », sans voir que vous fonctionniez d'une façon différente de la sienne. Il est essentiel de s'adapter à la personne à qui l'on s'adresse !

Le plus important n'est pas ce que vous dites, mais ce que l'autre a compris.

Pour qu'une communication soit réussie, il faut aussi que le plaisir soit partagé. Un jour, j'assistais à un congrès où quatre conférenciers, tous habitués à prendre la parole en public, parlaient tour à tour d'un sujet commun dont ils étaient spécialistes. Je me suis rendu compte que le public avait écouté avec une attention particulière l'intervention du 3e spécialiste : la salle, à ce moment-là, était silencieuse, alors que pendant les autres discours, on entendait des chuchotements et des conversations en aparté. Tout simplement, ce 3e spécialiste donnait l'impression de s'adresser vraiment à ses auditeurs. Il avait la volonté de se faire comprendre, de partager ses convictions. Les trois autres orateurs, au contraire, s'adressaient surtout à eux-mêmes. Ils « s'écoutaient parler ». Or tout le monde est capable de cette attention aux autres qui facilite tant la communication. Elle est encore plus facile à développer quand on a confiance en soi, quand on s'aime assez pour prendre le petit risque de buter sur un mot… Prendre, finalement, le risque d'être simple.

Plus on s'accepte, et plus on s'oublie. On cesse de se demander si on est bien coiffé ou si on montre notre meilleur profil ; on est concentré sur ce qu'on a à dire, et sur les personnes à qui l'on s'adresse. Plutôt que d'accuser les autres de nos « maux », on s'attache à donner du sens à nos mots. On se fait mieux comprendre, on est en communion avec les gens qui nous entourent.

Plus on s'accepte, et plus on s'oublie.
Plus on s'oublie,
et plus on accepte… les autres.

Il ne sert à rien de vouloir changer quelqu'un

En fin de compte, au lieu de vouloir changer les autres, ce qui est impossible, il faut faire évoluer notre propre façon de nous comporter, en fonction de la relation et de la situation présentes. Il faut s'adapter à l'autre, se débrouiller pour se faire comprendre. Créer les conditions pour que l'autre se sente bien dans la relation, et ne se sente pas jugé, voire agressé.

Quand j'interviens dans une entreprise pour aider les gens à mieux se connaître, souvent ils me disent : « Je suis comme je suis, il faut me prendre comme je suis ». Je leur réponds, rassurant, que je ne suis pas là pour les changer, et c'est vrai. Puis souvent ces mêmes personnes, voyant l'intérêt du travail que l'on fait avec elles, nous demandent qui dans l'entreprise participe à cette formation. Et quand je cite le nom d'untel et d'untel, j'entends : « Ah oui, lui, il faudrait qu'il change ! ». On ne veut pas changer, par contre on souhaite que les autres changent. Or, rappelons-le, on ne peut pas changer les autres. On peut les aider à faire évoluer leurs comportements, qui sont liés à des situations. C'est très différent ! Chacun de nous possède sa propre personnalité, qui comporte de multiples facettes, et qui lui appartient. Il ne faut pas confondre cette personnalité, unique, complexe, riche, et les comportements que nous adoptons dans telle ou telle situation. Nous sommes bien plus que la somme de nos comportements ! Il est important de distinguer d'une part la personne telle qu'elle est, d'autre part ce que fait cette personne. Quand on dissocie bien les deux choses, on peut aider quelqu'un à faire évoluer ses comportements sans lui donner la sensation qu'on veut changer sa personnalité. Par exemple, on évite des remarques qui signifient « Tu es nul » et on dit « Ce que tu as fait là, dans cette situation, ne me paraît pas adapté ». Du coup, on ne condamne pas la personne, on juge ses actes, et cela lui donne la liberté et l'envie de faire autrement la prochaine fois.

Tu me respectes car je te respecte.

Nous sommes tous des générateurs d'énergie en puissance. Plus nous projetons vers l'autre de la compréhension, de la bienveillance et de l'optimisme, plus nous l'aidons à grandir, c'est-à-dire à s'accepter et à éviter d'être victime de ses micro-mythes et de ses comportements automatiques, qui polluent la relation.

Que transmettez-vous autour de vous ?	
Qu'on le veuille ou non, on transmet toujours quelque chose à l'autre quand on est en interaction avec lui. Et vous, à votre avis, que transmettez-vous autour de vous ?	
De l'optimisme	❑
Du stress	❑
De l'enthousiasme	❑
De la confiance	❑
De l'inquiétude	❑
De la volonté	❑
De la peur	❑
De la joie de vivre	❑
De la bienveillance	❑

Dans toute relation, il est primordial de donner à l'autre l'envie d'avoir envie : l'envie de comprendre ce qu'on lui dit, d'apprendre, de projeter de l'optimisme autour de soi.

Regardez autour de vous : vous trouvez plus agréables les personnes qui ont un comportement bienveillant à votre égard. Et vous, avez-vous envie de donner envie d'avoir envie ? Ce n'est pas si simple, quand on a été formaté à transmettre du stress, de prendre une attitude plus positive. La première chose à faire : prendre conscience de notre scénario de vie le plus fréquent, de nos comportements automatiques, et avoir envie de les faire évoluer. Nous avons vu, dans les chapitres précédents consacrés à la méthode OPR, qu'il est possible d'agir sur ses propres comportements, et donc, par ricochet, sur celui des autres.

L'essentiel

- Le principal responsable d'une non-communication, c'est d'abord nous.
- S'aimer, c'est s'accepter tel que l'on est.
- Aimer quelqu'un, c'est l'accepter tel qu'il est et ne pas l'enfermer dans nos préjugés.
- Le plus important n'est pas d'aimer un enfant c'est de l'aider à s'aimer lui-même.
- Nous avons tendance à mettre des étiquettes sur le front des gens rencontrés
- Le plus important n'est pas ce que vous dites mais ce que l'autre a compris.
- Nous sommes bien plus que la somme de nos comportements.
- Plus on s'accepte et plus on s'oublie pour découvrir l'autre.
- Nous sommes tous des générateurs d'énergie en puissance.

Chapitre 7

Avez-vous les relations que vous méritez ?

- Comment sont les gens qui vous entourent ?
- « Que-des-cons »
- Être plus fort que soi
- Le manager idéal n'existe pas, je l'ai rencontré
- De l'emploi à vie à l'employabilité à vie

Le comportement de chacun influe sur celui des autres. Même si on ne fait rien du tout ! Ne rien faire est un signe en soi pour un interlocuteur. Il peut interpréter votre inaction d'une façon qui ne correspond pas forcément à vos intentions : indifférence, mépris... Sans cesse, dans votre vie sociale, vous envoyez des messages aux autres, sans vous en rendre compte. Et les autres y réagissent ! Vous arrivez à un rendez-vous avec un visage fermé ? Votre interlocuteur aura tendance à rester sur ses gardes ; soit il se fermera, à votre image, soit il aura la force de vous accueillir chaleureusement, avec un sourire, une poignée de main et un bon café, ce qui a de bonnes chances de vous détendre... Or pourquoi devrait-il faire le travail de socialisation à votre place ? Cette question concerne tout le monde, bien entendu. Mais elle est particulièrement sensible pour ceux qui dirigent une équipe : les PDG, les managers, les cadres influent sur les équipes qu'ils dirigent, simplement par leur manière d'être, de se comporter...

Comment sont les gens qui vous entourent ?

N'hésitez pas à cocher tous les points qui vous semblent correspondre à votre entourage :

Ils sont égocentriques, dominateurs	❑
Ils sont turbulents, chicaniers	❑
Ils sont sympathiques, gais	❑
Ils manquent de confiance en eux, sont indécis, ont des états d'âme	❑
Ils sont confiants, ouverts	❑
Ils sont renfermés, dépendants, pessimistes	❑
Ils sont agressifs, intolérants, durs, exigeants, rigides	❑
Ils sont sûrs d'eux-mêmes tout en sachant écouter les autres	❑

« Que-des-cons »

Je venais de créer Vakom, société de conseil en ressources humaines, lorsque j'ai vécu une expérience professionnelle emblématique. Elle m'a montré combien un dirigeant pouvait peser sur l'esprit de son équipe tout entière. Un ami, consultant en marketing, m'avait demandé de me rendre chez l'un de ses clients pour y former les cadres à la communication et à la mobilisation des énergies. Il s'agissait de développer la motivation de ces personnes, en travaillant sur la cohérence et la cohésion de l'équipe (voir la définition de ces termes au chapitre 9).

Je pars très tôt le matin. Nous sommes en hiver, c'est l'heure grise de l'aube et je roule dans une campagne presque privée de couleurs par le brouillard et l'absence de soleil. J'arrive sur le parking de la cimenterie dans laquelle je dois intervenir. Les bâtiments sont gris, ce qui est le cas de toutes les cimenteries. J'entre dans les locaux et je découvre sur les murs une grosse moquette… grise. Les personnes que je croise dans ces couloirs portent des blouses… grises, et semblent marcher de façon un peu automatique. Ceux qui ont vu le film *The Wall* des Pink Floyd auront une idée de l'ambiance. Mon moral commence à vaciller… On m'accueille après un long moment et on me demande de patienter dans un bureau dont la moquette et les meubles métalliques sont… gris. Arrive le directeur dans son costume trois pièces… gris. Pendant que nous buvons un café (noir, bien sûr !) réconfortant, ce directeur me déclare :

« Alors, vous allez travailler avec mes cadres sur la motivation, la mobilisation des énergies, et l'efficacité collective ? »

Bien sûr, lui-même ne s'était pas inscrit dans le séminaire, trop débordé par son activité… Je confirme, et il poursuit :

« Et bien je vais juste vous dire une chose : bon courage ! »

Je suis surpris par sa déclaration, mais n'ayant pas la même expérience qu'aujourd'hui, je mets un certain temps avant d'oser lui demander : « Mais pourquoi donc ? ». Il me regarde droit dans les yeux et me déclare le plus sérieusement du monde :

« Que-des-cons. »

Estomaqué, je l'interroge :

« Pardon, que voulez-vous dire par là ?

– Je vous dis que vous allez avoir, pour participants à votre stage, la plus belle brochette de cadres parmi les plus cons que j'aie jamais connus. Il n'y a que des cons dans mon équipe de cadres. »

Il insiste, en martelant ces mots. À ce moment, j'ai pensé très fort ce que je n'ai pas osé dire à l'époque, et que peut-être vous pensez vous-même : « Et qui est le chef ici ? Le roi des cons ? ».

J'avais senti juste. La formation des cadres de cette entreprise m'a montré que la plupart des problèmes venaient du directeur. Les murs gris, les blouses grises étaient comme une émanation de l'atmosphère humaine déprimante que ce dirigeant répandait autour de lui sans jamais se remettre en question.

On a autour de soi les collaborateurs que l'on mérite.

Les responsables d'entreprises, d'associations, d'équipes, ont un impact important sur les personnes qu'ils dirigent. Cela vient bien sûr de leur position de dirigeants, mais surtout de leur façon de se comporter avec les gens qui les entourent. On l'a vu, que l'on soit leader ou non, notre façon de nous comporter influe sur le comportement des autres. On a autour de soi les collaborateurs que l'on mérite et, plus largement, on a avec les autres les relations que l'on mérite. Car dans toute communication, nous sommes responsables de la relation que nous entretenons avec les autres.

On a avec les autres les relations que l'on mérite.

Lors des actions de formation d'équipes de vendeurs, on retrouve régulièrement cette problématique. C'est pourquoi je ne commence jamais par demander aux participants comment sont leurs produits ni quels sont leurs arguments de vente. Je leur demande d'abord comment sont leurs clients. Dans chaque stage, j'ai au moins un commercial qui déclare que ses clients sont des nuls qui ne comprennent rien. Il détaille en termes méprisants : « On a beau leur expliquer, ils ne comprennent rien ; qu'est-ce qu'on peut faire avec des gens comme ça ? Ils ne pensent qu'au prix, ce sont tous des neuneu », etc. On trouve en général un autre commercial dont le secteur géographique est très proche du précédent, qui vend les mêmes produits, les mêmes services. Et lui, par un heureux hasard, a affaire à des gens plus ouverts, qui s'intéressent et qui comprennent. Cela voudrait-il dire que le premier de ces deux commerciaux n'a vraiment pas de chance ? Sur son territoire, il n'a que les mauvais clients alors que sur le territoire voisin, il n'y aurait que des gens intéressants… Nous avons fait l'expérience une fois : nous avons échangé les territoires géographiques de deux commerciaux. Vous devinez ce qui s'est passé : le commercial ouvert, sympathique, a noué de bons contacts avec ses nouveaux clients. L'autre, transportant avec lui son côté grincheux, a trouvé que ses nouveaux clients étaient aussi « neuneu » que les anciens : il a recréé le même type de relations négatives avec des gens nouveaux. Il se comporte en Caliméro et pense que tout le monde est contre lui : il n'a vraiment pas de chance !

Au fait, comment avez-vous perçu les personnes qui vous entourent dans le petit test (page 100) ? Ces gens sont-ils égocentriques, chicaniers, sympathiques, confiants, indécis, agressifs, sûrs d'eux-mêmes… Sachez que vous avez obligatoirement une influence sur leur comportement, par votre façon de vous comporter avec eux.

Être plus fort que soi

Penchons-nous un instant sur la définition du mot « comportement ». Il faut faire très attention à ne pas confondre « comportement » et « personnalité ».

Personnalité

Chacun en a une, et une seule ! Arrêtons de penser que l'on en a une au travail, une à la maison, une autre encore avec ses amis… Par les rencontres, les contacts, une personnalité évolue au fil du temps, mais elle reste unique. Elle est simplement composée d'une multitude de critères. Ainsi plusieurs personnes peuvent avoir des points communs, mais il est impossible qu'elles aient la même personnalité. Notre personnalité constitue notre cadre de référence. Elle s'exprime par ces « lunettes » dont nous avons parlé dans le chapitre 5, donnant une certaine couleur à notre vision du monde.

Parmi les nombreux facteurs qui composent la personnalité, on trouve les traits de caractères, l'histoire personnelle, les passions, les valeurs (morales, religieuses, politiques), l'éducation, le mode de fonctionnement, etc. Il est impossible de cerner entièrement une personnalité tant la multiplicité de ses composants la rend complexe. Aucune méthode ne permet à ce jour de la définir exactement, et jamais, heureusement, aucune méthode ne pourra le faire !

Comportement

C'est l'ensemble de nos réactions face à une situation, ou, plus exactement, en fonction de notre perception de cette situation. La nuance est importante. En effet, ce n'est pas la situation qui va induire tel ou tel comportement, mais ce que nous en percevons. Là aussi, les choses viennent donc de nous ! Il est essentiel de le comprendre. On a souvent tendance à dire : « Vu la situation, j'étais obligé de faire ça ». Pourtant, devant la même situation, une autre personne aurait réagi tout autrement. Nous sommes donc maîtres de ce que nous faisons, nous ne sommes jamais livrés pieds et poings liés à des données extérieures qui nous échapperaient entièrement. Par exemple, face à une agression, ou à ce que nous percevons comme une agression, rien ne nous oblige à nous montrer agressif. La situation est là. Nous, nous avons le choix de notre paire de lunettes, du regard que nous portons sur ce qui se passe. Et plus nous sentons que nous avons le choix de notre comportement, plus nous avons les moyens de faire le meilleur choix.

Les comportements sont l'effet, et non la cause, de ce que l'on ressent.

Dans une réunion, si le sujet nous intéresse, si les participants nous semblent correspondre à nos valeurs, si l'ambiance nous convient, nous aurons une perception positive de l'ensemble, ce qui nous permettra d'adopter un comportement détendu, ouvert et communiquant. Dans une autre réunion, si le sujet nous apparaît rébarbatif, le moment non approprié, si nous apprécions peu les participants ou encore qu'il s'agit d'inconnus, si nous estimons que les rapports entre eux sont irrespectueux, notre comportement sera négatif, fermé, voire agressif. Une personne nous ayant rencontré lors de la première réunion nous décrira comme ouvert, participatif et sympathique, alors que si elle nous rencontre au cours de la deuxième réunion, elle nous trouvera froid, fermé, non expressif. Ce ne sont que des comportements !

On peut faire prendre conscience à quelqu'un que ses comportements ne vont pas dans le sens de l'action, ou dans le sens de ce que l'on souhaite ; on ne va pas pour autant lui demander de changer de personnalité. On va simplement lui proposer de changer sa réaction face à une situation. On va l'aider à changer la perception qu'il a de cette situation.

De fait c'est souvent une question qui m'est posée : « Alors si je m'adapte à l'autre, c'est que je change de personnalité ! » Eh non ! On n'a pas à changer la personnalité des autres, et on n'a pas à changer la sienne ! On a juste à faire part à son entourage des effets que leurs comportements ont induits à un moment donné.

Faire évoluer les comportements ce n'est pas changer quelqu'un, c'est lui permettre de faire mieux avec ce qu'il est.

Ceci est d'autant plus important dans une entreprise que ce sont les comportements des hommes qui font la différence. C'est parce que des personnes savent réagir ensemble à une situation difficile, par leur façon d'être, et pas seulement par leurs compétences, qu'ils font la richesse du groupe. Il est certain que le manager, le dirigeant, a un rôle essentiel dans l'évolution des comportements autour de lui.

Le manager idéal n'existe pas, je l'ai rencontré

Régulièrement, lorsque j'anime des formations pour des responsables d'entreprise, des cadres dirigeants, l'un des participants me prend à part pour me demander, un peu inquiet : « J'ai une question importante à vous poser : Est-ce que j'ai vraiment un profil de dirigeant ? ». Ce responsable a dans les mains son profil selon la méthode OPR® (voir chapitre 4), et il se demande manifestement si ce profil conforte ou non sa position dans son entreprise. Pour le taquiner, je prends un air grave, concentré, je laisse passer quelques minutes, faisant planer l'idée que j'hésite. Je feuillette le document écrit, puis je réponds fermement : « Oui ». Je sens le stress de mon interlocuteur s'évanouir tout à coup. Puis le doute lui revient :

« Mais vous êtes sûr ? Sur quoi vous appuyez-vous dans votre méthode pour affirmer ça ? »

Je réponds, le plus sérieusement du monde :

« Vous avez le profil d'un dirigeant parce que vous en êtes un ! »

Il se demande si je me moque de lui, mais ce n'est pas le cas, et je le lui explique :

« Le plus important n'est pas de savoir si votre profil correspond à un profil de dirigeant, car il n'y a pas de profil idéal ! Le plus important, c'est de comprendre vos comportements spontanés de dirigeant grâce à votre profil, et de les faire évoluer en fonction des situations et des personnes que vous avez à diriger. Avoir le profil idéal de dirigeant, c'est connaître son style de management, les effets de ce style, comprendre ses excès, et compenser les manques occasionnés par ses comportements en s'appuyant sur les personnes qui nous entourent. »

Pour être un bon dirigeant, il faut donc faire confiance aux autres, et en leur capacité à nous compléter. Il faut aussi calmer ses excès, pour éviter d'exercer une influence négative. Par exemple, si je ne suis pas assez organisé, pas assez vigilant sur les résultats à atteindre, il me faut trouver des collaborateurs proches qui vont prendre en charge ce que je ne fais pas naturellement. Si j'ai tendance à aller trop vite, à passer d'une idée à l'autre sans prendre le temps de me faire comprendre, j'essaierai de me pondérer, de prendre plus de temps pour expliquer, et de m'appuyer sur les personnes plus « carrées » qui travaillent avec moi. Je vais donc créer les conditions pour utiliser au mieux mon énergie et être plus efficace.

Si vous voulez savoir quel dirigeant vous êtes, quel style de management ou de communication vous pratiquez, et si vous voulez être encore plus efficace dans votre travail, lisez le chapitre qui suit, pour évaluer vos atouts, vos manques et vos excès, grâce à la méthode OPR®.

Évaluez-vous	
Avez-vous repéré vos excès et vos manques dans votre rôle de manager ou plus généralement dans votre travail ?	
Êtes-vous trop pointilleux et pas assez global ?	❑
Allez-vous trop vite et manquez-vous de méthode ?	❑
Êtes-vous parfois trop direct et pas assez patient ?	❑
Êtes-vous trop émotif, et pas assez concret ?	❑

De l'emploi à vie à l'employabilité à vie

L'un des rôles du dirigeant est de faire grandir ceux qui l'entourent : il doit leur donner envie de faire, et de mieux se comprendre eux-mêmes. Pour cela, il lui faut saisir les motivations qui animent les autres, ce qui les pousse à agir, ce qui leur procure du plaisir et qui va libérer leur énergie. Or tout le monde n'a pas les mêmes motivations, et en particulier, tout le monde n'a pas les mêmes motivations que nous !

Ainsi, les jeunes qui arrivent dans les entreprises n'ont pas la même vision de leur avenir professionnel que les générations précédentes, ni les mêmes attentes dans leur travail. Ils ont été élevés avec les médias. Ils ont constaté que certains salariés se retrouvaient au chômage à la fermeture de l'entreprise qui les avait toujours fait vivre. Ils ont découvert que nombre de ces chômeurs avaient du mal à retrouver du travail, parce qu'ils étaient très spécialisés, souvent assez âgés, pas toujours préparés à la recherche d'un autre emploi… L'emblème de ce phénomène est Moulinex, en Normandie.

Nous sommes tous des enfants Moulinex.

Du coup, les jeunes ne recherchent pas un emploi à vie, contrairement à leurs aînés. Ils viennent dans une entreprise pour apprendre, enrichir leur expérience, se développer. Puis, après quelques années, ils décideront de changer d'entreprise pour découvrir une autre activité, plus ou moins proche de la précédente. Ils ne cherchent plus l'emploi à vie, mais l'employabilité à vie : ils veulent pouvoir vendre leurs talents, leurs capacités, à des entreprises successives. Aux dirigeants qui souhaitent à tout prix garder des jeunes à fort potentiel, un seul conseil : donner à ces jeunes les moyens de partir ! Car tant qu'ils apprendront de nouvelles choses, tant qu'ils accentueront leurs compétences, tant qu'ils auront l'impression de « grandir », ils resteront. En revanche, le jour où ils auront le sentiment de ne plus rien apprendre, de ne plus progresser, ils s'en iront…

L'essentiel

- Le comportement de chacun influe sur celui des autres.
- On a avec les autres les relations que l'on mérite.
- Nous sommes responsables de la relation que nous entretenons avec les autres.
- Nos comportements sont l'effet et non la cause de ce que l'on ressent.
- Faire évoluer les comportements, ce n'est pas changer quelqu'un, c'est lui permettre de faire mieux avec ce qu'il est.
- L'un des rôles du dirigeant est de faire grandir ceux qui l'entourent.
- Si vous, dirigeant, vous voulez garder ceux qui vous entourent, donnez-leur de la valeur ajoutée, faites les grandir.

Chapitre 8

Au travail, se faire plaisir ou être efficace ?

- « Efficace, mais humain quand même »
- Stimuler n'est pas motiver !
- « Il n'est pas motivé...

Il y a encore une quinzaine d'années, les dirigeants d'entreprises opposaient deux mots : « humain » et « efficace ». Quand on leur parlait de l'aspect humain du management, quand on leur proposait des actions pour favoriser l'épanouissement de leurs collaborateurs, ils répondaient : « Je veux bien, mais ce que je recherche avant tout, c'est l'efficacité ». Au fil du temps, j'ai vu ces mêmes dirigeants concéder, à force de rencontres, d'échanges et d'expérimentations, qu'effectivement, si on obtient une bonne efficacité et qu'en plus les gens peuvent se sentir à l'aise dans ce qu'ils font, pourquoi pas ? C'est mieux, en effet.

Il y a une dizaine d'années, la plupart des responsables ont donc réalisé peu à peu qu'on pouvait, en tant que dirigeant, être efficace, et humain malgré tout.

Aujourd'hui, mes rencontres et mes visites dans de nombreuses entreprises qui fonctionnent très bien m'ont convaincu d'une chose : on est efficace **parce que** l'on est humain.

« Efficace, mais humain quand même »

Aujourd'hui, pour qu'une entreprise soit efficace à moyen terme, elle doit s'appuyer sur des femmes et des hommes responsables, autonomes, créatifs, et sachant travailler ensemble. Ils doivent aussi être proactifs, c'est-à-dire aller au-devant de la demande. Pour cela, le manager doit forcément créer autour de ses collaborateurs des conditions de vie qui favorisent le plus possible la liberté et le plaisir de faire. Quel que soit le poste que nous occupons, quelles que soient nos responsabilités, nous recherchons avant tout le plaisir, j'en suis convaincu : le plaisir de faire, d'être soi-même, d'entrer en relation avec ceux qui nous entourent, de donner un sens à son travail…

On ne fait bien longtemps que ce que l'on aime.

Lors de séances de formation, lorsque je déclare : « On ne fait bien longtemps que ce que l'on aime », j'obtiens après échanges et explications sur le mot « plaisir », l'adhésion de tous les participants. En effet, en réfléchissant à ses propres expériences, chacun se rend compte que, même si de temps en temps on peut exécuter des tâches que l'on apprécie moins, même si on peut « se forcer » dans un but précis, il est difficile de tenir cet effort dans la durée. Pour être efficace longtemps, il est primordial d'éprouver du plaisir dans l'action. C'est la source même de notre motivation ; c'est ce qui nous pousse à trouver au fond de nous le savoir, le savoir-faire, toutes les compétences dont nous disposons, et surtout cette créativité, ce besoin d'aller plus loin qui nous rend si efficaces. Le plaisir nous permet d'accéder à notre source d'énergie. On le sent bien chez les grands sportifs : jamais ils ne seraient devenus ce qu'ils sont s'ils n'éprouvaient pas un immense plaisir à pratiquer leur sport. Les heures d'entraînement intensif, les souffrances et les sacrifices personnels n'entament pas leur sentiment de profonde satisfaction. J'ai encore en tête la déclaration passionnée du judoka David Douillet de retour sur le tatami après une interruption due à un accident : « Cela me fourmillait jusqu'au bout des doigts » : quelle envie de retrouver le sport dans lequel il excelle !

Donc, dans les formations, chaque participant parvient à accepter cette idée, car il se rend compte que ses meilleures réalisations, au fil de son expérience professionnelle, découlent d'un plaisir à faire. Par contre, il est plus difficile d'accepter le fait que les autres, eux aussi, ont besoin de ressentir du plaisir dans ce qu'ils font. Et pourtant ! Quand on arrive à déterminer les zones plaisir de ceux qui nous entourent, on peut les aider à créer l'environnement qui leur est propice. Le temps qu'on va y consacrer n'est pas perdu, au contraire : c'est un investissement d'une rentabilité exceptionnelle... dans le temps, puisque le bien-être de nos collaborateurs va se traduire par une meilleure efficacité de leur part.

Ce n'est pas le temps qui passe, c'est nous qui passons.

À propos de temps justement, chacun doit comprendre ce qui se passe vraiment quand il affirme « Je n'ai pas le temps » : quand on dit cela, on se ment à soi-même. Nous disposons tous du même temps, à savoir 24 heures par jour, ou encore 64 600 secondes. La différence entre les individus, c'est la façon dont ils utilisent ce temps. Je vous encourage à remplacer l'expression « Je n'ai pas eu le temps » par « Je n'ai pas pris le temps ». Cela change tout : souvent, on se rend compte qu'on n'a pas pris le temps de faire des choses qui, au fond, ne nous procurent pas de plaisir. Par contre, on prend souvent du temps pour le moins urgent, et on trouve cent arguments pour justifier notre choix... Alors que si nous étions sincères avec nous-même, nous admettrions que nous avons cédé à notre recherche de plaisir. Convaincu ? Pas convaincu ? Prenons quelques exemples tirés de la vie courante. Monsieur, le temps vous manque pour réparer un appareil ménager qui donne des signes de faiblesse, car votre priorité, bien sûr, c'est de regarder le match de rugby à la télévision. Madame, vous êtes mécontente car vous devez aller en ville régler un problème administratif alors que vous êtes pressée... Et finalement vous passez l'après-midi à faire toutes les boutiques de vêtement du quartier. De la même façon, dans le domaine professionnel, selon votre profil OPR (voir chapitre 4), vous allez privilégier les actes qui vous procurent le plus de plaisir : soit la nouveauté et le développement, soit le besoin d'échanges, de faire partie d'un groupe, soit l'examen détaillé de tous les aspects qualitatifs d'un dossier, soit encore l'analyse des chiffres et des résultats à venir.

Dans votre vie professionnelle, avez-vous déjà mesuré le plaisir que vous prenez à faire telle ou telle activité ? Avez-vous cerné les domaines d'action vers lesquels vous allez spontanément ?

Alors, êtes-vous d'accord pour dire qu'en fin de compte vous ne faites bien longtemps que ce que vous aimez vraiment faire ? Dans toutes les formations et conférences que j'anime, après avoir développé les propos qui viennent d'être exposés dans ce chapitre, j'obtiens l'accord quasi unanime des participants. Au bout d'un moment, j'ajoute : « Donc, si vous êtes d'accord avec le fait que vous ne faites bien longtemps que ce que vous aimez, vous acceptez sans doute que toutes les personnes qui vous entourent fonctionnent de cette façon, elles aussi. » Et là, quand les participants sont des dirigeants, j'obtiens des réactions plus mitigées. La première objection est souvent :

« Non, eux, ce n'est pas pareil. »

Je réponds par une question :

« Et pourquoi cela ?

– Ben, parce qu'ils sont payés pour travailler.

– Oui, ils sont payés pour travailler, mais je pense que vous préféreriez les payer pour qu'ils soient efficaces, non ? Et si vous voulez vraiment que leur travail (payé !) soit efficace, il faut faire en sorte qu'ils aient plus de plaisir à faire que de contraintes, voire de souffrances. »

Les participants l'admettent : « Après tout, pourquoi pas ? ». Mais tout en disant cela, ils préparent leur seconde objection :

« D'accord sur le principe, mais c'est compliqué ! Comment faire pour trouver la source de plaisir de tous mes collaborateurs ? »

Ma réponse les rassure :

« Effectivement vous aurez du mal à faire cette recherche pour toutes les personnes. Concentrez-vous sur vos plus proches collaborateurs, dix au maximum. Et pour chacun d'eux, commencez par vous poser la question : « Qu'est-ce qui peut lui procurer du plaisir ? », sans les enfermer dans les mêmes fonctionnements que vous. Alors, que cherche le plus chacun de ceux qui vous entourent, selon vous ? Est-ce le besoin de reconnaissance, autrement dit être reconnu comme le meilleur, ou la meilleure ? Est-ce d'être aimé, apprécié ? Est-ce le besoin de sécurité, de savoir comment faire les choses ? Ou est-ce le besoin de résultats, de pouvoir concrétiser et réaliser ses actions ? »

Ces sources de plaisir sont, comme vous l'avez sûrement deviné, les motivations qui poussent chacun d'entre nous à se réaliser et à utiliser au mieux toute son énergie. Elles permettent aux gens d'aller au-delà même des objectifs qu'on leur a fixés, ce qui étonne parfois leur entourage !

On ne fait pas grandir un arbre en le tirant par les branches, mais en nourrissant ses racines.

Ce n'est pas en donnant des ordres, voire en criant et en exigeant, que l'on permet aux hommes de réaliser, et de se réaliser. D'autre part, il ne sert à rien de vouloir motiver les gens ; il faut plutôt créer les conditions propices pour qu'ils se motivent eux-mêmes. En détectant et en comprenant les zones plaisir de ceux qui nous entourent, nous pouvons les aider à améliorer leurs conditions de travail, et à exploiter les sources même de leur motivation. Voyons cela de plus près…

Il ne sert à rien de vouloir motiver les hommes, il faut créer les conditions pour qu'ils se motivent eux-mêmes.

Stimuler n'est pas motiver !

La **motivation** est ce qui pousse à agir. Elle vient de l'intérieur. Il ne faut pas la confondre avec la **stimulation**, qui vient de l'extérieur.

Une chose est sûre : il est très facile de démotiver quelqu'un ! Il suffit de s'en prendre à ce qu'il est plutôt qu'à ce qu'il fait, en disant par exemple : « Tu es vraiment incompétent, je vois bien que je ne pourrai jamais te faire confiance ». Il suffit de mener un entretien annuel en ne retenant que ce qui n'est pas assez bien, en imposant à son collaborateur des objectifs qu'il ne peut pas atteindre à lui tout seul, sans discuter des moyens nécessaires. Il suffit de faire comme s'il n'existait pas, de lui confier des tâches dont il ne comprend pas l'intérêt, de ne jamais lui donner le retour de ce qu'il a réalisé, etc. etc. Il y a ainsi mille et une manières de démotiver son collaborateur… ou ses enfants, quand on est dans son rôle de parent.

En revanche, comment fait-on pour motiver quelqu'un ? En lui donnant une prime ? En l'augmentant ? L'effet de l'argent est réel, mais de courte durée. La remontrance fonctionne-t-elle mieux ? Non : elle a un effet démotivant garanti si on reste dans le cadre du blâme. Donner à la personne des conditions de travail agréables ? Cela aide à vivre dans un climat positif et à réduire les insatisfactions, mais cela ne va pas donner à la personne l'envie de travailler.

Au fond, pourquoi quelqu'un a-t-il envie de faire ce qu'il fait ? Qu'est-ce qui lui donne des motifs d'agir de façon durable ? Quel est le vrai moteur ? En tout cas, une chose est sûre : on ne peut pas motiver quelqu'un. Pourquoi ? Tout simplement parce que quand on essaie de le faire, on réfléchit à partir de nos propres motivations. Or, aussi riches et intéressantes soient-elles, nos motivations ne conviendront peut-être pas à la personne qu'on a en face de nous. Chacun a les siennes. L'important n'est donc pas de motiver ; l'important est, dans un premier temps, de comprendre ce qui motive l'autre.

Récapitulons, pour éviter de faire la confusion entre stimulation et motivation.

La **stimulation** vient de l'extérieur. L'argent est un exemple de stimulation, et non de motivation. Une prime, une augmentation de salaire vont nous valoriser, mais au bout d'un moment on se rendra compte que ce gain d'argent ne nous donne pas l'envie, la motivation, de faire ce que l'on fait. Autrement dit, les effets de l'augmentation ne vont durer qu'un certain temps.

En revanche, si l'argent n'est pas un facteur de motivation, il peut être un puissant facteur de démotivation. Quelqu'un qui pense ne pas gagner assez d'argent aura l'impression qu'il n'est pas reconnu à sa juste valeur, qu'il est exploité, qu'il subit une injustice ; donc il sera démotivé, car insatisfait. C'est comme si on appuyait sur la pédale de frein.

La motivation, c'est le fait de trouver **en nous** l'envie et le plaisir de faire quelque chose dans notre propre intérêt, pour grandir, pour s'améliorer, pour se sentir mieux, pour exister. Ainsi, si la stimulation vient de l'extérieur, la motivation vient de l'intérieur, elle nous pousse à agir. À condition d'utiliser nos propres sources de motivation, ce n'est pas l'extérieur qui nous motivera, c'est nous-mêmes.

La stimulation, c'est comme si on nous branchait sur une prise électrique. On recharge la batterie et c'est parti, mais on a toujours besoin de revenir se charger. La motivation – là réside son intérêt – c'est comme si nous avions notre propre générateur sur nous, qui nous auto-alimente, à partir du moment où l'environnement nous le permet.

Donc, pour un responsable, l'important est de trouver les conditions de motivation de ses collaborateurs, et d'agir sur ces conditions de manière à les favoriser, afin qu'ils puissent se motiver eux-mêmes.

« Il n'est pas motivé... »

Que faire pour des personnes dont on n'arrive pas à trouver les motivations profondes d'action ? La non-motivation n'existe pas. Tout individu possède des sources de plaisir et de motivation. Tout dirigeant, de même que tout parent, a pour responsabilité de comprendre ces sources, parfois de les expliquer à l'intéressé, et surtout de créer les conditions pour qu'elles émergent, et rendent la personne qu'on croyait non motivée efficace et fière de l'être (voir chapitre 4).

La non-motivation n'existe pas.

Nous connaissons tous, autour de nous, des personnes qui végétaient après avoir suivi de brillantes études dans un domaine précis. Elles changent complètement d'orientation, malgré les inquiétudes de leur entourage, et réussissent leur reconversion de façon extraordinaire. Les responsables, chefs d'entreprise, ont tous des exemples de collaborateurs qu'ils considèrent comme peu performants dans leur structure, et qui se révèlent dans une structure concurrente. Nous connaissons tous un enfant qui réussit mieux dans une matière parce qu'il a rencontré un professeur qui a su la lui faire aimer : selon leur profil, les enfants accrocheront avec un professeur maternant, protecteur, ou bien très directif... Chaque jeune a besoin d'être compris et accepté comme ce qu'il est, et non comme le pâle reflet de l'élève idéal qui n'existe que dans les rêves de certains responsables éducatifs, voire de certains parents. Il en va de même pour l'entreprise : donnons à nos collègues, et surtout à nos collaborateurs si nous sommes en position de direction, envie d'avoir envie.

L'essentiel

- Nous pouvons être efficaces et humains malgré tout.
- On ne fait bien longtemps que ce que l'on aime.
- Pour être efficace longtemps, il est primordial d'éprouver du plaisir dans l'action.
- Le plaisir nous permet d'accéder à notre source d'énergie.
- Ce n'est pas le temps qui passe, c'est nous qui passons.
- On ne fait pas grandir un arbre en le tirant par les branches mais en nourrissant ses racines.
- La motivation vient de l'intérieur, la stimulation vient de l'extérieur.
- La non-motivation n'existe pas. Tout individu possède des sources de plaisir et de motivation.
- Si l'argent n'est pas un facteur de motivation, il peut être un puissant facteur de démotivation.
- La motivation, c'est ce qui nous pousse à agir pour grandir, pour se sentir bien et pour exister.

Partie 3

Bien dans sa peau sans vouloir celle des autres

Sommaire

Chapitre 9

Seul le groupe est génial !

- Votre capacité à être illimité est-elle limitée ?
- Organiser n'est pas vivre ensemble
- Allez, tu t'engages ?
- Et si on tirait tous dans le même sens ?
- Tous pour un, tous pour tous
- Il faut changer une équipe qui gagne

Votre capacité à être illimité est-elle limitée ?

Seul, chaque individu est à la fois limité et illimité. Il est limité quand il n'a pas confiance en lui, car cela l'empêche d'aller vers la réalisation de ses rêves, et d'accéder à son besoin de grandir. En revanche, il est illimité quand il accepte d'être ce qu'il est : il va alors trouver en lui toutes les ressources nécessaires pour réaliser des actions extraordinaires.

En groupe aussi, chaque individu est à la fois limité et illimité. Il est limité par la peur des autres ; il l'est aussi par son mode de fonctionnement, quand celui-ci l'empêche d'apprécier ses relations aux autres, et lui fait interpréter de façon négative ce qui vient d'autrui. En revanche, chaque individu est illimité en groupe quand sa confiance en soi lui permet d'oublier ses doutes, ses interprétations négatives, excès liés à ses besoins personnels.

Organiser n'est pas vivre ensemble

Ce n'est pas parce qu'on organise un groupe, une équipe, que les gens qui le composent vont travailler ensemble ! Dans tout groupe de travail ayant un objectif précis, on cherche en général à développer l'efficacité collective en établissant une stratégie, un business plan, en mettant en place les méthodes d'organisation les plus sophistiquées. Et on se rend souvent compte que malgré tous les efforts déployés pour donner un sens collectif, l'adhésion des individus n'est pas au rendez-vous. On cherche à rationaliser au maximum l'environnement professionnel pour fédérer toutes ces énergies individuelles. Dans notre société où règne l'individualisme, chaque personne revendique sa différence, chaque personne a besoin qu'on s'intéresse à elle, et pas seulement à ce qu'elle fait. L'homme d'aujourd'hui prend conscience qu'il a une vraie valeur, il cherche avant tout à exister et il marque sa différence en s'opposant le plus souvent à tout projet où il a l'impression de ne pas exister suffisamment. Dans ce monde du tout à l'ego, la seule société dans laquelle il se retrouve est la société « Moi, SA ». Il découvre que l'on peut être heureux dans une activité professionnelle, et, surtout, qu'il faut être heureux pour gagner, pour réussir. Il recherche donc du plaisir dans tout ce qu'il fait.

L'homme d'aujourd'hui a besoin d'être différencié pour accepter de vivre en collectivité.

Allez, tu t'engages ?

L'individualisme généralisé, qui est une réponse à notre monde capitaliste, entraîne une crise de l'engagement.

Cette crise de l'engagement est créée par quatre facteurs :

- Le besoin d'exister qui anime chaque personne, le besoin d'être soi. C'est le souci de soi.
- Le besoin d'autonomie. Au niveau individuel, on ne comprend pas ce mot comme on l'entend dans le langage de l'entreprise. Dans une entreprise, quand on parle d'autonomie, on sous-entend « responsabilité ». Pour l'individu, la demande d'autonomie revient plutôt à « Laissez-moi tranquille », « Laissez-moi faire les choses comme j'ai envie de les faire », « Arrêtez de me contrôler, de me diriger, de diriger ma vie ».
- La montée du stress négatif. On le sait, le stress positif pousse à agir, surtout quand il est éprouvé dans le sens de « peur de mal faire ». Du coup, on a envie de bien faire, et on trouve en soi les ressources pour cela ! Or aujourd'hui, le stress négatif prend de plus en plus d'ampleur. C'est la peur des autres, la peur d'être à côté des autres. On craint de ne pas assez exister au regard des autres et de ne pas pouvoir être soi-même devant cet inconnu que représente autrui.

• Un besoin forcené de reconnaissance. Il y a deux facettes dans ce besoin-là. La première exprime un besoin d'être reconnu à travers ses propres besoins (pour les uns, avoir des challenges, pour d'autres, être aimé, etc.). La seconde re-connaissance est le besoin d'augmenter ses connaissances. C'est le besoin de grandir, à travers sa façon d'être et de vouloir exister. Face à cette crise de l'engagement, pour favoriser l'efficacité collective dans un groupe, dans une entreprise, il faut travailler dans quatre domaines : l'organisation, le projet, le management, le sens.

1. L'organisation

C'est le premier domaine dans lequel il faut s'engager. Sans oublier que trop d'organisation tue l'organisation et, surtout, ne favorise pas obligatoirement le fonctionnement collectif. Ce n'est pas en mettant en place de plus en plus de procédures que nous allons permettre aux gens de travailler ensemble. Dans une entreprise, quand on a un souci d'efficacité, on croit toujours qu'il s'agit d'un problème d'organisation. Alors que c'est avant tout un problème de comportement.

Un groupe où il n'y a pas d'ordre est incapable de survivre. Un groupe où il n'y a pas de désordre est incapable d'évoluer.

2. Le projet

Quand on veut faire adhérer les gens, on a trop tendance à leur présenter un projet, qui est bien sûr collectif. Souvent porté par le manager, même s'il a été construit avec ses principaux collaborateurs, ce projet est conçu pour l'ensemble de l'équipe, pour l'ensemble de l'entreprise. Toute personne, devant cette perspective, se posera une série de questions : « Et moi dans tout ça ? », « Qu'est-ce que ce projet collectif m'apporte ? » « Qu'est-ce qu'il m'enlève ? ». Chaque personne réagira en fonction de ses propres attentes. Quelqu'un qui, comme la Sibille de l'histoire du chapitre 1, utilise surtout la colonne « 1 », selon la méthode OPR, pourra se demander s'il aura bien toute la liberté dont il a besoin. Quelqu'un qui utilise surtout la colonne 2, comme Aimée, voudra savoir s'il gardera les mêmes personnes autour de lui : « Avec qui est-ce que je vais me retrouver ? ». Un être qui, comme Pierre, utilise surtout la colonne 3, s'inquiétera de savoir s'il conservera les mêmes méthodes de travail, et se dira peut-être : « Pourquoi changer ? Ca marchait bien comme ça ! ». Une personne qui, comme Vincent, utilise surtout la colonne 4 se posera la question de la rentabilité de tout ce chamboulement. « Est-ce que ce projet apportera vraiment autant d'efficacité que prévu ? ».

3. Le management

Pour obtenir des résultats de la part de son équipe, un responsable doit manager de façon individuelle chaque personne de cette équipe. C'est pour cela qu'aujourd'hui il est important de manager vraiment, en direct, dix personnes au maximum. Bien sûr, on le sait, beaucoup de responsables ont plus de 10 personnes sous leur direction ; mais s'ils dirigent tout le monde, sans déléguer une partie de cette mission, il ne s'agit pas de management au sens où nous l'entendons dans ce livre. Aujourd'hui, le manager doit tenir compte des besoins et des attentes de chacun. Pour cela, il doit d'abord bien connaître son propre mode de fonctionnement : cela va atténuer l'effet « filtre » qu'a forcément sa vision des choses. Il doit aussi bien connaître ses proches collaborateurs, afin de comprendre quelles sont leurs conditions de motivation. Ainsi, pour un collaborateur ayant une préférence marquée dans la colonne « 3 » de son profil OPR®, faut-il développer la sécurité, en lui donnant beaucoup d'informations sur les méthodes à mettre en place.

4. Le sens

Dans notre ère d'individualisme, il est primordial de permettre à chaque personne qui nous entoure de trouver un sens à sa mission. Il ne s'agit pas de diriger en donnant un sens préfabriqué, car donner le sens à quelqu'un n'a pas de sens ! Il faut en revanche permettre à la personne de trouver des réponses à ses propres besoins. Ce n'est donc pas la mission en elle-même, quelle qu'elle soit, qui donne du sens, mais la satisfaction de ses besoins personnels (être entouré, aller au bout de son action, etc.). Il faut donc ajouter du sens individuel au sens collectif, et ceci pour chaque personne de l'équipe.

Donner le sens à quelqu'un n'a pas de sens.

Et si on tirait tous dans le même sens ?

De nos jours, pour qu'une équipe soit la plus efficace possible, il faut considérer deux paramètres : la cohésion et la cohérence. Comment les distinguer et comprendre ce que recouvrent au juste ces paramètres ? Pour vous y aider, nous allons vous parler d'un sport que, bien entendu, vous avez tous pratiqué (hum, hum)… Le tir à la corde. Une expérience a été tentée dans cette discipline au prestige digne des jeux Olympiques. On a réuni des gens et on les a fait tirer individuellement, chacun leur tour, sur une corde fixée à un mur. On a mesuré leur effort. Et on s'est rendu compte après plusieurs dizaines d'essais tous effectués dans les mêmes conditions que la moyenne des mesures était de 53 kF (le kilo force étant l'unité de mesure d'une poussée).

Ensuite, toujours avec la même corde et dans les mêmes conditions générales, on a invité les mêmes personnes à tirer sur la corde par équipes de 2, par équipes de 3, par équipes de 4 personnes… jusqu'à 8. Après avoir mené cette expérience plusieurs fois, on s'est rendu compte que lorsque les personnes tirent par équipes de 8, la moyenne pour chaque individu de l'équipe est de 31 kF.

Pourquoi cette déperdition d'énergie entre le cas où une personne tire seule, et celui où elle tire en équipe ?

Il existe exactement deux causes à cette baisse d'énergie qui induit une baisse dans les résultats obtenus. La première est une mauvaise coordination des acteurs, qui ne tirent pas tous en même temps ; la seconde est une paresse sociale qui fait que chacun compte trop sur les autres. Quand on est huit, l'effort individuel que l'on fournit se voit forcément moins que lorsqu'on est tout seul !

La mauvaise coordination des acteurs correspond à un manque de cohérence, car la cohérence, ce sont les règles de fonctionnement. La cohérence, c'est comment faire, que faire, et pourquoi le faire… La cohérence revient à donner du sens à l'action. Dans une entreprise, la cohérence est définie par des objectifs individuels et collectifs, des fiches de fonctionnement et de mission, des plans d'action. C'est savoir faire ensemble.

La paresse sociale, elle, correspond à un manque de cohésion. La cohésion c'est, pour chaque membre d'une équipe, l'incitation à s'impliquer, à s'engager individuellement, pour le bien et les résultats de l'équipe. La cohésion, c'est avoir envie de faire ensemble. Elle permet de donner une âme à l'équipe. Dans une entreprise, la cohésion vient de l'esprit d'équipe, d'une forme de convivialité, d'un sentiment d'appartenance, et surtout d'une confiance mise dans l'autre et dans le groupe.

Il est évident qu'il faut, pour obtenir de l'efficacité, travailler sur ces deux paramètres. L'un n'est pas plus important que l'autre, il faut les deux pour obtenir une certaine harmonie.

Figure 9.1

Cet équilibre entre cohésion et cohérence est très variable, fluctuant. Car chaque changement, quel qu'il soit, peut le faire basculer.

La cohérence, c'est savoir faire ensemble. La cohésion, c'est avoir envie de faire ensemble.

Tous pour un, tous pour tous

Mieux vaut avoir une brillante équipe d'individus qu'une équipe de brillants individus. Ceux qui aiment le sport collectif auront forcément des exemples pour illustrer cette phrase, car ce n'est pas en additionnant les meilleurs joueurs qu'on obtiendra la meilleure équipe.

Pour obtenir de l'efficacité collective, il est important de veiller à ce qu'il y ait autant de cohésion que de cohérence. Aujourd'hui, dans de nombreuses entreprises, de nombreuses équipes, nous constatons qu'il existe une bonne cohérence, même si bien sûr elle peut toujours être améliorée ! Or, dès qu'un problème surgit dans une équipe, on a tendance à penser qu'il est dû à un manque de cohérence, d'organisation.

Ce qu'il y a de plus difficile à définir, à obtenir, et surtout à entretenir correspond à la cohésion. C'est elle qui incitera les membres d'une équipe à s'engager, surtout dans notre société, où l'individualisme a pris le pas sur le collectif.

L'engagement de chaque individu dans un projet collectif ne vient pas seulement du savoir et du savoir-faire, il vient aussi du vouloir être ensemble, du vouloir faire ensemble.

Aujourd'hui, les entreprises doivent absolument s'appuyer sur des collaborateurs autonomes, créatifs, responsables et proactifs, c'est-à-dire qui vont au-devant des attentes, elles doivent surtout s'entourer de collaborateurs qui savent et aiment travailler en équipe.

Il faut donc créer, pour chaque équipe, la cohérence nécessaire, à l'aide d'objectifs individuels et collectifs, et développer la cohésion, en permettant à chaque membre de l'équipe d'exister, et d'être reconnu par l'ensemble de l'équipe.

Mieux vaut avoir une brillante équipe d'individus qu'une équipe de brillants individus.

Il faut changer une équipe qui gagne

Il faut changer une équipe qui gagne, parce qu'une équipe qui gagne change. En effet, dès qu'une équipe qui gagne atteint les résultats qu'elle s'était fixés, les comportements, voire les rapports de force entre ses membres évoluent en fonction de la part que chacun a prise dans l'obtention du résultat commun. Il faut donc réajuster les conditions de travail de cette équipe pour lui permettre de continuer à gagner.

Dans un sport collectif, il est toujours judicieux de changer certains de ses membres, ou bien leur type de responsabilité, pour pouvoir continuer à obtenir les trophées espérés.

Il faut donc tout faire pour avoir une brillante équipe constituée de brillants individus. Qu'est-ce qu'être brillant ? Tout individu a des talents, qu'il utilise plus ou moins en fonction de l'environnement dans lequel il est. Ces talents peuvent soit s'opposer aux talents des autres personnes de l'équipe, soit s'additionner avec eux, voire se multiplier entre eux. Tout dépend de la cohésion et de la cohérence du groupe.

Un homme n'est pas bon à tout, mais il n'est pas bon à rien.

L'essentiel

- Un individu seul a un pouvoir illimité quand il accepte d'être ce qu'il est.
- Un individu en groupe a un pouvoir illimité quand sa confiance en lui permet d'oublier ses doutes, ses peurs et ses interprétations négatives.
- Ce n'est pas seulement l'organisation qui permet aux personnes de travailler ensemble.
- L'homme a besoin d'être différencié pour accepter de vivre et de travailler en collectivité.
- La crise de l'engagement est créée par 4 facteurs : le besoin d'exister, le besoin d'autonomie, la montée du stress négatif, le besoin de reconnaissance.
- Un groupe où il n'y a pas d'ordre est incapable de survivre. Un groupe où il n'y a pas de désordre est incapable d'évoluer.
- Donner le sens à quelqu'un n'a pas de sens.
- La cohérence, c'est savoir faire ensemble.
- La cohésion, c'est avoir envie de faire ensemble.
- Mieux vaut avoir une brillante équipe d'individus qu'une équipe de brillants individus.
- Il faut changer une équipe qui gagne.

Chapitre 10

Transformer l'efficacité individuelle en efficacité collective

Qu'est-ce qui rend une équipe brillante ? La manière dont on permet à ses membres de vivre, de travailler et de réussir ensemble. Développer une meilleure efficacité collective dans une équipe, une association, une entreprise, c'est ajouter aux compétences de chacun le partage de valeurs communes. Pour développer l'efficacité collective, pensez à chacune des personnes qui vous entourent, et voyez dans quelle famille vous la classeriez parmi les quatre suivantes.

› 1re famille

Vous avez autour de vous des gens qui partagent vos valeurs, votre culture, et qui ont les comportements que vous souhaitez. En plus de tout cela, ils obtiennent les résultats que vous attendez d'eux. Maintenant que vous les avez identifiés, un conseil : gardez-les ! Cela vous semble évident ? Mais attention, quand nous disons « gardez-les », cela veut dire : « Faites tout pour les garder » ! En d'autres termes, consacrez-leur du temps, ne considérez pas qu'ils « roulent tout seuls », échangez avec eux, accompagnez-les. Or, bien souvent, vous ne prenez pas ce temps parce que vous le consacrez aux trois autres familles de collaborateurs dont nous allons parler maintenant.

› 2e famille

Vous avez également autour de vous des gens qui, comme ceux de la 1re famille, ont les valeurs et les comportements que vous souhaitez. Votre difficulté, c'est qu'ils n'obtiennent pas encore les résultats attendus. Évidemment, si cela dure depuis trop longtemps, peut-être faut-il s'interroger… Dans le cas contraire, faites tout pour les aider, les accompagner ou les faire accompagner, afin qu'ils deviennent plus efficaces. Arrêtons de reproduire des schémas tout faits comme : « Il n'a qu'à se débrouiller tout seul, je l'ai bien fait, moi », ou encore « On verra bien s'il est capable de… ». Car il est difficile aujourd'hui, et il le sera plus encore demain, de recruter et de garder des gens qui correspondent aux valeurs souhaitées par l'entreprise. N'oublions pas que nous sommes dans l'ère du papy-boom : il devient de plus en plus compliqué de compenser les départs en retraite d'une génération entière !

3e famille

Vous avez autour de vous des gens qui n'ont pas du tout les comportements que vous souhaitez, qui ne partagent pas vos valeurs, qui sont en opposition avec la collectivité. Et le gros problème que vous avez avec eux… c'est qu'ils ont des résultats ! Eh oui, ils sont efficaces individuellement, en apparence en tout cas. Et le conseil que nous vous donnons, conseil qui est sans doute difficile à accepter de prime abord, c'est que les gens de cette 3e famille, il ne faut pas les garder ! Oui : il faut s'en séparer. Vous vous dites sans doute : « Mais ce n'est pas possible, je vois bien quelques personnes de ce genre autour de moi, mais j'en ai trop besoin ! Elles représentent un chiffre d'affaires trop important ! » Ou encore : « Untel est comme ça, mais il a une compétence technique irremplaçable »… Eh bien malgré tous ces arguments, nous persistons à affirmer que ces gens créent plus de problèmes autour de vous qu'ils n'apportent de solutions. Ce sont les Attila de l'efficacité : autour d'eux, rien ne pousse, et surtout pas les compétences et les talents des autres. Ces personnes tirent leur force de la division qu'elles créent autour d'elles. Par leurs comportements, leurs réflexions, elles vont à l'encontre de l'esprit collectif que vous voulez initier afin que tous puissent travailler ensemble. Alors, même si ces gens représentent une activité importante dans votre équipe, même si aujourd'hui vous voyez mal comment faire sans eux, réfléchissez à la façon dont vous pourriez fonctionner sans eux dans les mois, voire les années qui viennent.

Bien sûr, avant de prendre une décision irrévocable, posez-vous ces deux questions :

Avez-vous fait tout ce qu'il fallait pour alerter cette personne, et pour l'inciter à changer ses comportements ?

Êtes-vous sûr de ne pas être vous-même influencé, de ne pas avoir des lunettes trop teintées, qui vous empêcheraient d'y voir assez clair ? Dans le doute, soyez vigilant, et demandez l'avis de personnes moins directement concernées que vous, et donc plus objectives ; et lisez ou relisez le chapitre 4, consacré à la méthode OPR.

❯ Ce n'est pas fini ! Il reste une 4e famille…

Vous avez peut-être autour de vous des gens qui n'ont pas les comportements, les valeurs que vous souhaitez leur voir adopter, et qui n'ont pas non plus les résultats attendus. Comme avec la 3e famille, et en s'entourant des mêmes précautions, il faut envisager de s'en séparer. Et même, plus encore, il faut peut-être tout faire pour que ces personnes soient recrutées par la concurrence. Comme vous avez peut-être pu le constater, ces personnes peuvent passer… dans la 1re famille ! En effet, elles trouveront peut-être plus facilement dans une autre entreprise les conditions nécessaires à l'émergence de leurs talents…

Comme pour la 2e et la 3e famille, il faut tout faire, bien sûr, pour former ces collaborateurs, et créer à tout prix les conditions pour qu'ils réussissent dans votre équipe. Mais si, malgré tous vos efforts, cela ne fonctionne pas, il vaut mieux les laisser partir, pour le bien de la collectivité et peut-être aussi pour leur bien à eux, car ils n'étaient peut-être pas faits pour le poste qu'ils occupaient.

Alors, que faire ?

Avez-vous bien repéré à quelle famille appartient chaque personne de votre entourage ?

Vous savez maintenant lesquelles appartiennent à la 1re famille ; alors, passez-vous assez de temps avec eux ?

Pour ceux de la 2e famille : Avez-vous créé autour d'eux les conditions qui leur permettent de réussir, et d'obtenir les résultats qui leur sont demandés ?

Si vous avez identifié des personnes de la 3e famille : leur avez-vous signalé leurs manques, et leurs excès comportementaux ? Les avez-vous aidées à comprendre les effets négatifs de leur façon de faire sur l'ambiance et sur les résultats de l'équipe ?

Et la 4e famille ? Y comptez-vous beaucoup de personnes ? Si oui, rappelez-vous : nous avons autour de nous les collaborateurs que nous méritons.

Guy, de la famille 3

Dans une entreprise de tuyauterie, une belle PME normande, un jeune PDG avait succédé à son père, mort brutalement. Voyant tout le travail à accomplir pour fédérer l'équipe autour de lui, ce jeune PDG demande une formation où soient abordées à la fois les questions de communication et l'OPR® : il souhaite permettre à chaque responsable, qu'il soit conducteur de travaux, chef de chantier… de mieux comprendre sa manière de communiquer et de manager, et de trouver comment la bonifier.

Dans cette équipe, dès le démarrage de la formation, un opposant apparaît : Guy, conducteur de travaux, reconnu par son ancienneté dans l'entreprise. Dans nos réunions, Guy intervient, Guy critique, Guy émet des doutes, d'une manière quasiment systématique. Le PDG est à la fois surpris par cette réaction négative, et pas si surpris que cela finalement, car il sait que Guy aime se mettre en avant.

En parallèle, le jeune PDG demande au formateur de rencontrer Pascal, un chef d'équipe qui, d'après lui, pourrait prendre de plus grandes responsabilités et devenir chef de chantier. Les entretiens et les tests montrent que Pascal est effectivement capable d'assumer un rôle plus grand, et qu'il y est prêt. Cela conforte le PDG dans sa conviction.

Trois jours plus tard, le PDG nous appelle et nous signale que Guy, qui est le supérieur direct de Pascal, s'oppose fermement à la promotion envisagée : selon lui, Pascal serait incapable de diriger, d'animer, et de représenter l'entreprise auprès des clients. Le PDG se déclare surpris par la rage dont Guy fait preuve, et il s'inquiète de l'accumulation soudain mise en lumière de ses oppositions : son hostilité à la promotion envisagée, et son attitude négative vis-à-vis des personnes de son entourage.

Le PDG décide d'approfondir ses recherches : il rencontre les principaux clients de l'entreprise qui traitent avec Guy. Car Guy met toujours en avant son excellent contact avec les plus gros clients de l'entreprise, et l'important chiffre d'affaires qu'il réalise. Ces clients réservent un accueil très chaleureux au jeune PDG. Ils sont heureux de discuter directement avec lui, découvrent sa façon d'être et de penser, et s'étonnent ouvertement que Guy représente une entreprise dont les valeurs sont si nettement positives.

Ces clients avouent que s'ils travaillent avec cette entreprise-là, c'est parce qu'ils en ont une excellente opinion, qui les incite à passer outre l'attitude négative de Guy. Ils ajoutent : « Heureusement qu'il y a Pascal ! Nous le voyons bien plus souvent, et c'est tant mieux, car il est nettement plus positif dans ses contacts ! »

Au final, après des entretiens houleux, le PDG décide de se séparer de Guy. Peu de temps après, Guy est passé à la concurrence, mais il n'y est resté que quelques mois : il n'était plus crédible vis-à-vis des clients, et ne pouvait plus se cacher derrière une façade d'autorité.

Non aux géants individuels qui sont des nains collectifs

Pascal, quant à lui, a été promu, et s'est avéré être un excellent chef de chantier puis conducteur de travaux.

L'ambiance de l'entreprise s'en est trouvée nettement améliorée, car il s'est avéré que Guy avait mis beaucoup de frein à l'énergie collective.

Savez-vous transformer les oppositions en complémentarités ?

M. et Mme Dupont travaillent ensemble sur leur exploitation agricole. Pour vous parler d'eux, nous allons utiliser leurs profils OPR® respectifs (voir chapitre 4 pour les explications).

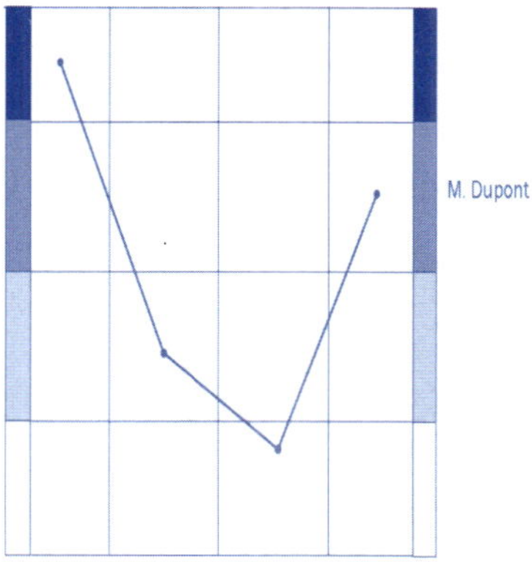

Mode de fonctionnement naturel

Comme vous le constatez sur ce schéma, M. Dupont utilise fortement les colonnes 1 et 4 du profil OPR®. Il aime les nouveaux projets, les défis, les challenges ; il a toujours besoin de prendre des risques et d'aller vite. C'est l'utilisation du 1. Il a également la volonté d'aller jusqu'au bout de ses projets, il est exigeant et ne supporte ni l'à-peu-près ni l'incompétence. C'est l'utilisation du 4.

Il a besoin, par ce 1 et ce 4 réunis, de diriger, de donner le tempo de toutes ses activités. Il ne supporte pas les états d'âme, les discussions à n'en plus finir, les envolées d'émotions : c'est sa non-utilisation du 2. Il a horreur de tout ce qui est répétitif, il n'aime pas utiliser toujours les mêmes méthodes, les mêmes techniques, il fuit les détails qui, selon lui, entravent son action. C'est sa non-utilisation du 3.

Mme Dupont utilise fortement les colonnes 2 et 3 du profil OPR®. Elle aime avant tout faire plaisir aux autres. Elle se soucie du bien être de ceux qui l'entourent, elle veut savoir s'ils se sentent bien. C'est le 2. Elle a également besoin de savoir comment faire, de préparer, planifier, vérifier que tout est bien en ordre. Elle se sent rassurée quand elle a prévu le moindre détail. C'est l'utilisation du 3. En revanche elle a horreur de l'imprévu, elle n'aime ni prendre des risques ni aller trop loin. C'est sa non-utilisation du 1. Elle n'apprécie pas la rigidité, le côté un peu directif, le besoin de toujours régenter, et la pression du résultat à atteindre. C'est sa non-utilisation du 4. Mme Dupont a horreur des conflits ; elle fait tout pour que les choses se passent bien.

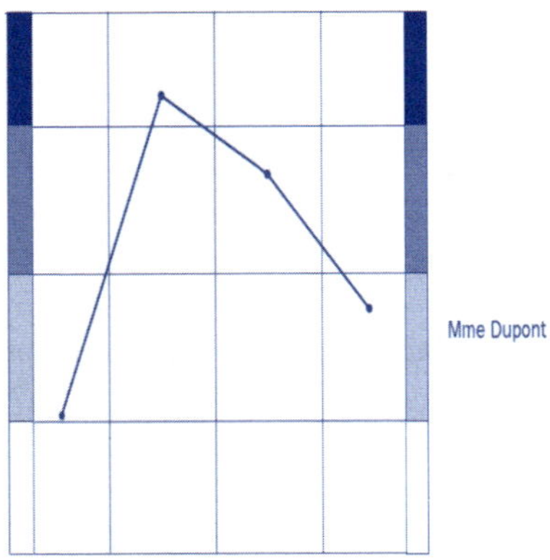

Mode de fonctionnement naturel

Comment M. et Mme Dupont, qui ont des profils OPR® si différents, peuvent-ils vivre et travailler ensemble ? De deux choses l'une : soit ils s'opposent, soit ils se complètent.

› 1er cas de figure : M. et Mme Dupont s'opposent

Comment M. et Mme Dupont, qui ont des profils OPR si différents, peuvent-ils vivre et travailler ensemble ? De deux choses l'une : soit ils s'opposent, soit ils se complètent.

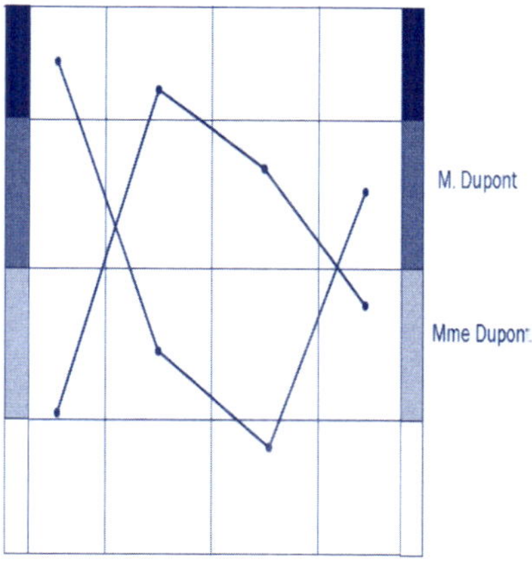

› 1e cas de figure : M. et Mme Dupont s'opposent

M. Dupont trouve que sa femme le freine, le ralentit, l'empêche de rêver, voire même de respirer. Il n'aime pas la voir perdre du temps à parler de la pluie et du beau temps, de comment vont le mari, les enfants, le chien de tous ceux qu'elle croise. Il a du mal à supporter ses demandes de détails sur des points qui n'ont pour lui aucune importance. D'ailleurs, il ne comprend pas comment elle fait pour être si lente, si pointilleuse, et si envahissante dans son besoin de parler pour parler. Que de temps perdu ! Que d'efficacité gâchée !

Mme Dupont trouve son mari rigide, arrogant. C'est bien simple, il a toujours raison ! Il lui fait peur par son envie de toujours faire plus, d'aller sans cesse plus loin. Son manque de souplesse la glace et crée des tensions relationnelles qui rejaillissent sur leur entourage. Elle aimerait que M. Dupont exprime davantage son affection, ce qu'il ressent, et qu'il cesse de vouloir tout diriger !

La façon dont chacun perçoit le comportement de l'autre n'est pas objective, bien sûr, puisque chacun voit l'autre à travers son propre profil et donc ses propres besoins. Précisons que les profils OPR® évitent de tomber dans des clichés sur le comportement des hommes et des femmes : les profils OPR® de M. et Mme Dupont pourraient tout à fait être inverses, la question de leur opposition ou de leur complémentarité resterait exactement la même.

❯ 2e cas de figure : M. et Mme Dupont se complètent

M. Dupont apprécie la pondération de sa femme et sa capacité à fédérer, à communiquer, à entretenir des relations autour d'eux que lui-même ne prendrait pas la peine de faire vivre. Il sent que la présence de sa femme à ses côtés le tempère, et surtout atténue les tensions, les conflits qu'il génère parfois sans le vouloir. Il se sent encore plus libre d'agir, de créer, car il sait que Mme Dupont est là pour le canaliser et l'empêcher d'aller droit dans le mur !

Mme Dupont trouve que son mari la sort de ses habitudes, du train-train où elle aurait tendance à s'enfermer. Elle aime sa capacité à ne douter de rien, à s'engager dans des directions qu'elle ne soupçonnait pas ; elle apprécie son côté exigeant, qui lui permet d'aller jusqu'au bout de ce qu'ils entreprennent, son côté direct et concret qui leur permet de gagner du temps, voire de l'argent.

Chaque être humain, quel que soit son profil OPR®, peut s'entendre avec tout profil OPR®, quel qu'il soit, à partir du moment où il en a envie, et où il arrête de juger l'autre à travers son propre profil. Le problème, c'est que nous avons tendance à voir chez celui qui a un profil OPR® différent du nôtre ce que nous n'aimons pas et qui peut, selon nous, nous empêcher de faire ce que nous aimons, nous.

Tous pareils, ou tous différents ?

Maintenant que nous avons vu les deux options qui se présentent pour deux personnes très différentes – s'opposer ou se compléter – nous pouvons élargir le raisonnement à une équipe entière, sachant que là les interactions sont évidemment beaucoup plus nombreuses.

Dans certaines équipes, on trouve énormément de profils OPR® très semblables. Par exemple :

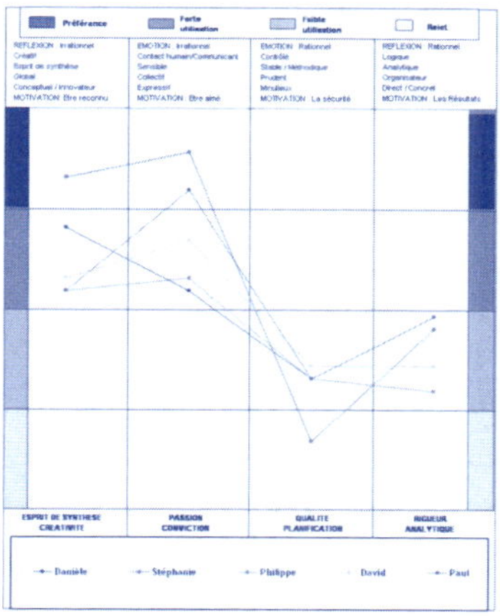

Des personnes ayant des profils OPR® proches peuvent assez facilement s'entendre, se comprendre, mais elles peuvent aussi entrer en concurrence et ne pas être suffisamment complémentaires dans leurs missions. Si elles exercent le même métier de façon relativement individuelle (par exemple, une équipe de commerciaux), la similitude de leurs profils ne sera pas obligatoirement une faiblesse. Si en revanche, il s'agit des membres d'une équipe, par exemple une équipe de direction, amenés à travailler en complémentarité (PDG, directeur administratif, DRH, directeur du marketing, directeur commercial...), le fait d'avoir des profils OPR® similaires peut devenir un handicap. En effet, ce manque de diversité dans les manières de faire appauvrit l'équipe.

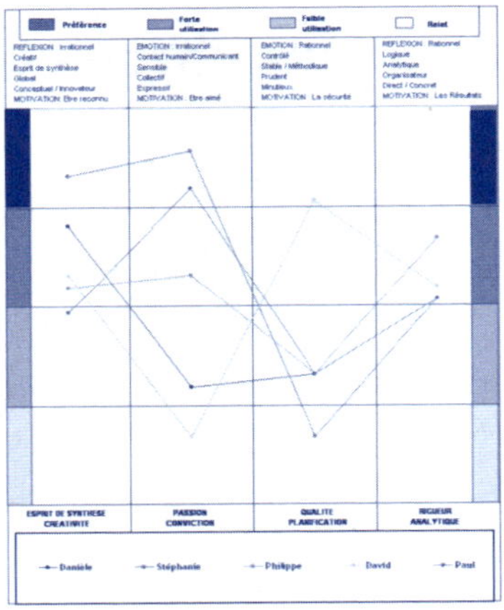

Une équipe où les profils de chaque personne sont très différents (voir dessin ci-dessus) aura une communication houleuse et de nombreux conflits.

Si on permet à chaque personne de se comprendre, personnellement puis par rapport aux autres, la complémentarité va apparaître comme une force. L'acceptation des différences constatées va faire prendre conscience à chaque personne de l'équipe de l'intérêt à utiliser cette complémentarité en supprimant les oppositions relationnelles.

Certes l'ambiance ne sera pas toujours « un long fleuve tranquille » mais l'efficacité collective sera optimisée par le respect du fonctionnement de chacun.

Dans une coopérative bretonne, après avoir donné les profils OPR® individuels à chaque membre de l'équipe de direction, le formateur se retrouve devant le groupe pour développer la cohésion et la cohérence de cette équipe. Il projette sur écran le profil OPR® des cinq personnes présentes, à savoir le directeur et ses quatre cadres dirigeants, hommes et femmes.

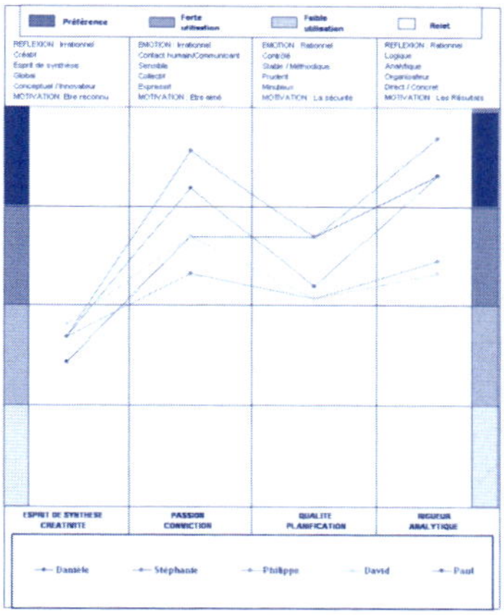

Devant ce profil d'équipe, le directeur demande au formateur : « Qu'en pensez-vous ? Quelles sont nos forces et nos faiblesses, d'après vous ? » Le formateur OPR® valorise d'abord la complémentarité qui existe entre les 5 personnes, et les points communs entre leurs profils. Il souligne ensuite que leur faiblesse vient de ce qu'ils doivent un peu trop ronronner, et rester souvent dans des schémas classiques. Le directeur, surpris, s'offusque de voir le formateur pointer du doigt une prétendue tendance à ronronner ! À quoi le formateur répond : « Vous manquez d'une personne au moins qui utilise le « 1 ». Quand on regarde vos profils, on constate qu'il y a du 2, du 3, du 4 au-dessus de la ligne médiane, mais aucun d'entre vous n'utilise fortement le 1.

Donc personne dans votre équipe ne lance d'idées originales, même si elles sont parfois décalées ; personne ne sort des habitudes, ne propose des façons de faire différentes, et ne se projette assez loin pour envisager l'avenir… »

Le directeur s'exclame alors : « Ah, c'est tout le portrait de Nathalie, cela ! » Le formateur regarde les chevalets mais n'en voit aucun portant ce prénom dans la salle. Le directeur explique alors que Nathalie faisait partie du comité de direction, mais qu'on l'en a écartée. Elle dérangeait, elle était décalée par rapport aux cinq autres, elle voulait tout changer, c'en devenait fatigant !

En voulant unifier son comité de direction, ce directeur s'était privé d'une complémentarité importante : car pour qu'une équipe soit vraiment complémentaire il faut qu'au-delà de la formation, de l'expérience, de l'âge, les profils OPR® soient différents. Et que l'on travaille à ce qu'ils travaillent de concert pour obtenir l'efficacité collective recherchée.

Parfois, quelqu'un qui ne fonctionne pas comme nous, ou comme l'ensemble de l'équipe, nous gêne et nous perturbe. Il nous donne l'impression qu'il n'a pas sa place, qu'il empêche le groupe de fonctionner correctement (voir notamment chapitre 2 : la personne avec laquelle vous avez le plus de difficultés à communiquer). Pourtant, quand on l'accepte dans son fonctionnement, il apporte cette complémentarité qui augmente l'efficacité collective.

L'essentiel

- C'est la manière dont on permet à ses membres de vivre, de travailler et de réussir ensemble qui rend une équipe brillante.
- Il faut détecter les « Attila » de l'efficacité dans une équipe, autour d'eux rien ne pousse et surtout pas les compétences et les talents des autres.
- Non aux géants individuels qui sont des nains collectifs.
- Il faut savoir dans une équipe transformer les oppositions en complémentarité pour développer l'efficacité collective.
- Chaque personne, quel que soit son profil OPR® peut s'entendre avec tout autre profil OPR quel qu'il soit à partir du moment où elle en a envie.
- Des personnes ayant des profils OPR® assez proches peuvent s'entendre, se comprendre mais elles peuvent aussi entrer en concurrence et ne pas être suffisamment complémentaires.
- Dans une équipe de direction où les responsables sont amenés à travailler en complémentarité (PDG, directeur administratif, directeur des Ressources Humaines, directeur commercial...) le fait d'avoir des profils OPR® similaires peut devenir un handicap.

Chapitre 11

À vous de jouer

- **Une future banquière libérée**
- **Comme papa ?**
- **Avec maman, ou avec papa ?**
- **Mathilde est revenue**
- **Cherche supérieur complémentaire**
- **Ma petite société va bien. Et moi ?**

En général, lors de nos interventions en entreprises, nous travaillons d'abord avec les dirigeants et les cadres dirigeants. Ils expérimentent la méthode OPR®, prennent le temps de l'apprécier, ce qui leur donne souvent envie d'en faire bénéficier leurs collaborateurs. Ne dit-on pas qu'il faut balayer un escalier en commençant par le haut ?

Réussir à convaincre les cadres dirigeants, c'est aussi, par l'OPR®, les amener à faire des efforts pour adapter leur communication aux autres. Quelle que soit la structure, nous obtenons de meilleurs résultats lorsque l'ensemble des employés profite de ces formations, une fois les dirigeants conquis : chacun développe son envie de travailler avec les autres.

Il arrive très souvent qu'un dirigeant d'entreprise avec lequel nous travaillons nous pose cette question : Est-il possible d'appliquer l'OPR® aux relations avec son conjoint, avec ses enfants ?

En effet, explique l'un d'eux, ma femme s'est exclamée, en lisant mon autoscopie (le document qui rend compte du profil OPR®) : « Ah ça, c'est vraiment toi ! Depuis le temps que je te dis que tu es comme ça ! » Du coup, j'ai bien envie qu'elle joue le jeu elle aussi, et qu'on en profite pour mieux comprendre, chacun, comment l'autre fonctionne…

Et vous, pensez-vous que cette méthode vous aiderait à y voir plus clair aussi dans la sphère privée ? D'ailleurs, estimez-vous que votre profil OPR® est compatible avec celui de votre conjoint ? La réponse est la même que pour deux associés : il n'existe pas de profils incompatibles, à partir du moment où les deux personnes, même avec des profils complètement opposés, s'acceptent et acceptent le profil de l'autre, ainsi que les comportements qui en découlent.

Voici quelques anecdotes vécues qui montrent l'utilité de l'OPR® dans la sphère professionnelle et personnelle.

Une future banquière libérée

Une banque recrute des commerciaux, sous forme de contrats en alternance, auprès d'étudiants en IUT. Nous sommes invités à participer à la sélection des candidats, qui ont déjà été présélectionnés par une batterie de tests, et ont rempli entre autres le questionnaire OPR®. Le jury est constitué de banquiers, du DRH, et de moi-même. Nous recevons un par un la trentaine de jeunes. Ma mission est de leur donner quelques informations sur leur façon de fonctionner. Le DRH fait de même, en s'appuyant sur les autres types de tests qu'il a fait passer à ces mêmes candidats. Bref, je dis à chacun des jeunes ce qu'il aime le plus et le moins, en fonction de son profil OPR®, et le DRH confirme ou non. Pour chacun des 6 premiers candidats que nous recevons, je donne donc les grandes lignes de leur profil naturel, le jeune s'y reconnaît, et le DRH confirme : il est arrivé aux mêmes conclusions avec ses propres tests. Arrive ensuite une jeune fille, à qui je présente son profil : 2-1. Elle se retrouve dans le désir d'innovation, de liberté d'action, de travail en équipe… À la surprise générale, le DRH intervient et déclare : « Oui et non… Je trouve que cette jeune fille montre également beaucoup de rigueur, de clarté, on voit qu'elle a besoin de résultats » : il met ainsi en avant ce qui correspond au 4 de l'OPR®. Le directeur de la banque, surpris par cette divergence de vue, demande à la jeune fille : « Qu'en pensez-vous ? » Elle hésite et répond : « Oui, c'est vrai, je me retrouve aussi dans cela ». Pendant ce temps, je regarde les résultats de son OPR® et je m'intéresse en particulier à son profil imposé, où le 4 est bien plus haut que dans son profil naturel. Je déclare alors : « Je pense que vous avez autour de vous quelqu'un qui exige beaucoup de rigueur de votre part ; cette personne vous influence sans doute pour que vous soyez plus concrète, plus rationnelle dans vos propos et vos études ». La jeune fille encaisse manifestement le coup et répond, très étonnée : « Oui, c'est mon père, il est tout à fait comme ça avec moi ! ».

Je confirme donc mes premiers résultats aux personnes présentes : cette jeune fille est bien 2-1, c'est ainsi qu'elle sera le plus à l'aise pour fonctionner, mais aujourd'hui son père lui demande d'utiliser beaucoup plus son 4 qu'elle n'en a vraiment envie ».

Après cette séance de recrutement, le directeur m'exprime son étonnement, et déclare qu'il comprend mieux maintenant l'utilisation que l'on peut faire de l'OPR® : cette méthode ne donne pas un résultat figé, un portrait, mais elle permet de créer autour de chaque personne les conditions de sa réussite.

Comme papa ?

Pierre, un responsable de PME avec qui je travaille, m'appelle pour me faire part de son inquiétude au sujet de son fils Christophe. Christophe veut absolument suivre une formation bac + 3 sur les techniques de commercialisation. Je ne vois pas où est le problème... Mais Pierre s'exclame : « C'est mon fils, et je peux affirmer qu'il n'est pas du tout doué pour faire du commercial ! »

Je propose à Pierre de les rencontrer tous les deux une fois que Christophe aura rempli le questionnaire OPR®. À leur arrivée, quelques jours plus tard, Pierre me remercie, avec toute la chaleur et le charisme que je lui connais, de prendre du temps pour son fils. Christophe marche derrière son père, il semble hésitant, légèrement voûté, ses yeux sont baissés. Tous deux s'installent avec moi autour d'une table ronde. J'explique à Christophe : « Je vais te donner les résultats de ton profil OPR, et toi tu me dis ce que tu en penses, d'accord ? » Plus j'avance dans mes explications, et plus je sens l'adhésion de Christophe, plus je sens aussi le regard intrigué de son père face au profil OPR® de son fils, qui se dévoile peu à peu. Christophe prend plaisir à se retrouver dans cette description, du coup il commence à prendre de l'assurance. Pierre finit par s'exclamer :

« C'est bien le profil de Christophe, ça ?

– C'est complètement moi, confirme le fils.

– Mais enfin, tu ne vas pas me dire que tu te comportes comme ça à la maison, si ?

– Demande à mes copains, ils te diront que je suis vraiment comme ça ! »

Pour comprendre l'étonnement de Pierre, il faut savoir que Christophe a exactement le même profil que son père. Mais à son âge, et surtout en présence d'un père si sûr de lui et si bien dans sa peau, il n'arrivait pas encore à s'affirmer autant qu'il l'aurait pu. En repartant, j'ai remarqué que Christophe s'était redressé, il paraissait maintenant plus grand, et bien plus confiant.

Christophe a suivi les études commerciales qu'il souhaitait, et il est sorti major de sa promotion. Depuis, il a fait son chemin ; il est directeur commercial dans une entreprise spécialisée dans les nouvelles technologies.

Lecteurs, parents, qui lisez ce livre, vous avez peut-être besoin d'un avis objectif sur le fonctionnement de votre enfant adolescent. Avec l'aide de l'OPR®, vous et votre enfant disposerez d'informations pour qu'il se réalise, et s'oriente vers une activité qui lui procure du plaisir, dans laquelle il sera à la fois bien dans sa peau et efficace. Il prendra conscience de ses forces, qui sont souvent interprétées comme des faiblesses.

Ce n'est pas le métier qui fait l'homme, c'est l'homme qui fait le métier.

La méthode OPR® ne donne pas le métier vers lequel un adolescent ou un adulte « doit » se diriger. Cet outil donne des indications sur ce que la personne doit trouver dans un métier pour y être bien. Par exemple, si quelqu'un utilise beaucoup son « 2 », il appréciera, quel que soit le métier envisagé, d'y rencontrer des gens, d'échanger. S'il utilise beaucoup son « 1 », il s'épanouira davantage s'il y trouve de l'espace pour lancer des projets, développer des idées nouvelles...

Si vous voulez rendre une personne efficace dans son métier, rendez-la heureuse de l'exercer.

Avec maman ou avec papa ?

Éric est directeur d'usine, ingénieur de formation. Il utilise beaucoup le 4 et le 2, avec un point 4 très haut : il s'impose, et impose autour de lui, beaucoup de rigueur. Il me confie un jour qu'en plus de ses journées professionnelles bien remplies, il supervise tous les soirs les devoirs de son fils Julien, qui est en terminale. Il trouve que Julien ne montre pas assez de persévérance, qu'il ne va pas au bout de ses efforts et ne se prend pas suffisamment en charge. Éric s'énerve de plus en plus lors de ces séances de devoirs, et cela marche de moins en moins ! Il me demande si je peux l'aider, avec l'OPR®, à soutenir Julien dans ses études.

Julien remplit le questionnaire ; puis je les rencontre pour restituer à Julien son profil OPR®. Au fur et à mesure que je le lui dévoile, Julien s'y reconnaît, et surtout il comprend les différences entre lui et son père : lui est 2-3. Il a donc beaucoup de difficultés à travailler sous pression. Éric découvre que plus il exige de son fils, plus celui-ci se sent mal à l'aise pour répondre à son attente ; bref, il perd ses moyens. En voulant bien faire, Éric demande à Julien de réagir comme lui-même réagirait à sa place. Il se projette, et projette son profil sur son fils, ce que nous avons tous tendance à faire naturellement.

En discutant avec Éric et avec Julien, qui reprend peu à peu confiance en lui, nous trouvons la solution : c'est la maman de Julien qui va désormais suivre les études du jeune homme, car leurs profils se rapprochent : elle utilise beaucoup les colonnes 2, 3 et 4, elle comprendra donc mieux la façon de fonctionner de son fils, son besoin de temps et de patience.

Depuis lors, Julien a bien avancé ! Il est ingénieur, comme papa, technicien lui aussi, tout en restant dans son profil.

Comme on l'a vu, l'OPR® apporte un peu de rationnel dans l'irrationnel des relations humaines. En utilisant l'OPR® dans le cercle familial, où l'émotion est très présente, on permet à chaque membre de la famille de mieux trouver sa place et d'exister à travers ses propres attentes et envies. Cela permet notamment aux enfants de se construire tout en profitant de l'expérience de leurs parents.

Mathilde est revenue

Au sein de l'entreprise, l'OPR® peut bien sûr bénéficier à tous, quelle que soit la position dans la hiérarchie, puisqu'elle permet de clarifier ses propres envies et d'augmenter la cohérence et la cohésion des équipes.

Mathilde suit une formation « Mieux se comprendre pour mieux comprendre les autres ». Elle y découvre son profil OPR®, et saisit mieux les effets de ses comportements sur autrui. Durant cette formation, on lui propose de se pencher sur ses relations avec une personne de son entourage professionnel avec qui elle rencontre des difficultés – lecteur, vous avez vous-même fait cet exercice au chapitre 6 de ce livre. Mathilde se penche sur sa collègue Christine. À sa grande surprise, elle découvre que ses perceptions lui font situer Christine dans la partie 2. Il faut préciser que le profil de Mathilde montre qu'elle utilise beaucoup les colonnes 2, 3 et 4. Comme le blocage est très fort entre sa collègue et elle, elle s'appuie sur le formateur pour construire un plan d'action individuel destiné à améliorer leurs relations.

Un mois plus tard, au cours du 3e jour de la formation, Mathilde raconte aux autres participants qu'à son immense soulagement cette démarche a porté ses fruits, et qu'elle a pu renouer le dialogue avec Christine comme elle n'aurait jamais pensé pouvoir le faire. Elle s'est notamment rendue compte que ce qu'elle prenait pour de l'indifférence était en fait un mal être devant cette situation, et que chacune souffrait silencieusement de son côté. Mathilde confie combien ses relations avec Christine se sont améliorées… et la cerise sur le gâteau, c'est que Christine a demandé à sa direction de suivre elle aussi ce stage.

L'utilisation de l'OPR® permet à chacun, où qu'il se situe dans l'organigramme de son entreprise, de supprimer certains malentendus, certaines incompréhensions qui polluent les relations de travail, et d'augmenter l'efficacité de l'équipe.

Cherche supérieur complémentaire

Dans une grande structure, la DRH a organisé des formations sur la communication fondées sur l'OPR®, pour permettre aux personnes de mieux se comprendre, et surtout pour permettre la complémentarité, source d'efficacité. Deux mois après le début de ces formations, Fatiah, assistante de direction, vient la trouver et lui demande de changer de service. La DRH, surprise de cette initiative, demande à Fatiah si elle rencontre des problèmes avec son directeur. Fatiah répond que non, mais qu'elle a pris conscience du fait que son profil et celui de son directeur présentaient trop de similitudes, et pas assez de complémentarités. Elle confie à la DRH que vu les objectifs demandés à son directeur, avec qui elle s'entend très bien, elle estime qu'elle n'est pas en mesure de l'aider comme elle le voudrait. Comme lui, elle aime les procédures suivies scrupuleusement, et les bons résultats, mais elle aurait voulu pondérer davantage le style très direct de son supérieur.

Après en avoir discuté avec le directeur en question, la DRH recrute une nouvelle assistante en s'appuyant sur l'OPR® pour trouver plus de complémentarité. Elle propose à Fatiah un nouveau poste, où elle assistera un directeur dont le profil est complémentaire du sien : lui est dans les idées nouvelles, le plaisir des relations avec les clients, tandis qu'elle gère les détails et aide son supérieur à veiller sur les résultats. Depuis plusieurs mois, ils travaillent parfaitement bien ensemble ; leur entente professionnelle et leur complémentarité servent parfaitement la petite équipe qu'ils forment.

Ma petite société va bien. Et moi ?

En 2006, Philippe, dirigeant d'une PME, reçoit une proposition de formation en relations humaines, fondée sur l'OPR®. Cette proposition arrive à point : il ne voit plus clair dans son avenir professionnel. Et pourtant sa société va bien… « J'étais, et je suis toujours, dirigeant de ma société, qui crée et entretient des espaces verts. En 2006, je ne voyais plus trop quelle était ma place dans la structure. Au fur et à mesure qu'elle se développait, j'ai cédé une partie du travail à un chef d'équipe, et puis une autre partie à une assistante… Finalement, j'avais l'impression de faire éternellement cavalier seul. J'avais un gros coup de fatigue ! »

Le premier jour de formation arrive, après une présentation de la méthode et une explication du fonctionnement du cerveau, chaque participant reçoit le document portant son profil naturel selon la méthode OPR® : ce qu'il préfère spontanément. Tous se reconnaissent, et discutent de leurs motivations…

Philippe se souvient : « J'étais arrivé à cette formation dans le flou. Je me demandais si je devais freiner ou accélérer mon activité professionnelle… Je pensais qu'on allait parler de communication en général, et je me suis aperçu avec un immense plaisir que cela me concernait, moi, en tant qu'individu. Je suis rentré de la première journée avec une pêche que je n'avais plus connue depuis des années. J'ai aperçu tout ce que je pouvais faire. Voir comment on fonctionne, cela redonne confiance en soi ! Du coup j'ai repris des projets que j'avais enterrés quand je ne me sentais pas épaulé… J'ai découvert les domaines où je me sentais bien, ce qui était source d'énergie pour moi, et ceux dans lesquels j'étais en difficulté. Alors je me suis dit : Reste là où tu te sens bien, et délègue tout le reste : joue la complémentarité ! Mon projet devenait limpide. »

Philippe était arrivé en se demandant s'il devait freiner ou accélérer ; il était maintenant convaincu d'une chose : il devait mettre les deux pieds sur l'accélérateur ! Il souhaitait se rendre moins souvent sur les chantiers, et se consacrer davantage à sa tâche de management. Mais pour cela, il souhaitait se faire accompagner. Sa formation à la méthode OPR a donc trouvé des prolongements : le formateur et son équipe ont tissé des liens forts avec Philippe pendant un an environ. Ils ont mis au point la stratégie de développement de l'entreprise, ont travaillé sur les questions sociales, informatiques, de communication.

Six mois plus tard, le dirigeant a souhaité que ses 5 salariés reçoivent eux aussi une formation, pour qu'ils trouvent mieux leur place dans une entreprise destinée à grandir.

L'essentiel

- La méthode OPR® ne donne pas un résultat figé, un portrait, elle permet de créer autour de chaque personne les conditions de sa réussite.
- La méthode OPR® n'oriente pas un adolescent ou un adulte vers un métier. Elle donne des indications sur ce que la personne doit trouver dans un métier pour y être bien.
- Si vous voulez rendre une personne efficace dans son métier, rendez là d'abord heureuse.
- L'OPR® apporte un peu de rationnel, d'objectivité dans l'irrationnel et la subjectivité des relations humaines.
- Supprimer les malentendus, les incompréhensions qui polluent les relations de travail permet d'augmenter l'efficacité d'une équipe.

Conclusion

Ce livre vous a intéressé, passionné, captivé ? Tant mieux, mais cela ne suffit pas. Car si vous voulez être bien dans votre peau sans vouloir celle des autres, il vous faut agir, sans attendre que les effets viennent tous seuls.

Vous l'avez compris en lisant ce livre, vous êtes l'acteur principal de votre vie. Vous êtes responsable, non pas des événements extérieurs, mais de la manière dont vous y réagissez. Vous avez commencé, au fil de ces pages, à utiliser une méthode simple, concrète, et surtout très efficace : 23 000 personnes l'avaient déjà utilisée début 2010, et peuvent en témoigner. Cette méthode n'est qu'une méthode, c'est-à-dire qu'elle permet de mettre en application, au quotidien, les valeurs que vous vous reconnaissez. Par exemple, nous sommes tous persuadés d'être tolérants et de respecter les autres ; Mais dans notre comportement de tous les jours, nous montrons souvent des signes d'intolérance.

- Oui, vos croyances, vos micro-mythes peuvent disparaître, se modifier et vous libérer.
- Oui, vos comportements peuvent s'adapter, évoluer, et influencer positivement votre vie et celle de ceux qui vous entourent.
- Oui, vos relations peuvent s'améliorer, s'enrichir et s'optimiser.
  C'est à vous de le vouloir et d'agir, et surtout d'oser oser.

Le plus important n'est pas de changer, c'est de faire mieux avec ce que l'on est.

Vous voulez aller plus loin et connaître votre mode de fonctionnement ? Vous voulez optimiser votre potentiel relationnel ?

Venez nous rencontrer sur notre site **www.vakom.fr**.

Cliquez

QUESTIONNAIRE OPR® EN LIGNE

Bibliographie

ALBERT E., BOURMOIS F., *Pourquoi j'irais travailler*, Eyrolles, 2e éd., 2006.

ALBERT E., *Managers faites en moins*, Eyrolles, 2007.

AMELET-PÉRISSOL C., *Comment apprivoiser mon crocodile ?*, Pocket, 2004.

ANDRÉ C., *Les États d'âme*, Odile Jacob, 2009.

ARIELY D., *C'est vraiment moi qui décide*, Flammarion, 2008.

AUBERT N., *Diriger et motiver*, Éditions d'Organisation, 2e éd., 2002.

BELLENGER L., *La Confiance en soi*, ESF, 1999.

BERGER J., *L'Esprit du jeu*, Tripôle, 2002.

BRUEL M. ET COLSEN C., *L'Usine à bonheur*, Village mondial, 2002.

BRUNEL V., *Les Managers de l'âme*, La Découverte, 2008.

BUCKINGHAM M., COFFMAN C., *Manager contre ventes et marées*, Village mondial, 2001.

CAVALLI F. ET L., *La science du bonheur*, Odile Jacob, 1998.

CHAIZE J., *Le Grand Écart*, Village mondial,1998.

CHARRIER C., KOULICHE P., *Construire les équipes de l'entreprise*, Nathan, 1998.

CLERC O., *La grenouille qui ne savait pas qu'elle était cuite*, Marabout, 2008.

COLLECTIF, *Les Défis du management*, Liaisons, 2002.

CUDICIO C., *Déchiffrer nos comportements*, Eyrolles, 2005

D'ANSEMBOURG T., *Qui fuis-je ? Où cours-tu ?*, Éditions de l'Homme, 2008.

DE BONIS M., *Domestiquer les émotions*, Les empêcheurs de penser en rond, 2006.

DE VRIES K., *Les Mystères du leadership*, Village mondial, 2002.

DESCARPENTIER J.-M , Korda P., *L'Entreprise réconciliée*, Albin Michel, 2007.

DETOEUF A., *Propos de O. L. Barenton, confiseur*, Éditions d'Organisation, 1991.

DR LIVINGSTORE G., *N'arrêtez jamais de danser*, Marabout, 2008.

DU MERLE O., *Cerveau, communication et management*, Liaisons, 2001.

Evequez G., *Les Compétences clés*, Liaisons, 2004.

Foreseen, *Le Défi de l'humain*, Plon, 1996.

Friedman T., *La Terre est plate*, Saint-Simon, 2006.

Glass N., *Management, les 10 défis*, Éditions d'Organisation, 1998.

Godet M., *Le Courage du bon sens*, Odile Jacob, 2006.

Goleman D., *L'Intelligence émotionnelle 1 et 2* (2 volumes), Robert Laffont, 1999.

Hahusseau S., *Tristesse, peur, colère*, Odile Jacob, 2006.

Hauvette D., *Le Pouvoir des émotions*, Éditions d'Organisation, 2004.

Jarrosson B., *Décider ou ne pas décider*, Maxima, 1994.

Koestenbaum P., *Socrate et le business*, InterÉditions, 1989.

Kourilsky F., *Du Désir au plaisir de changer*, Dunod, 4e éd., 2008.

Laborit H., *Éloge de la fuite*, Folios essais, 1985.

Le saget M., *Le Manager intuitif*, Dunod, 2006.

Lejeune D., *Qu'est-ce que le hasard ?*, Max Milo, 2007.

Lévy-Leboyer C., *La Personnalité*, Éditions d'Organisation, 2005.

Lieury A., *100 petites expériences de psychologie pour mieux comprendre le cerveau*, Dunod, 2005.

Marc Dominique E. et Picard D., *L'école de Palo Alto*, Retz, 2006.

Marcum D. et Smith S., *Mental gagnant*, Village mondial, 2003.

Meglin A., *Le Pari humain*, Éditions du Rocher, 1984.

Nazace-Aga I., *Je suis comme je suis*, Éditions de l'Homme, 2008.

Pierson M.-L., *L'Intelligence relationnelle*, Éditions d'Organisation, 2003.

Renaud J., *Votre équipe a du talent*, Éditions d'Organisation, 2004.

Saunder L., *L'Énergie des émotions*, Eyrolles, 2007.

Schutz W., *L'Élément humain*, InterÉditions, 2006.

Serieyx H., *Mettez du réseau dans vos pyramides*, Village mondial, 1996.

Servan Schreiber J.-L., *Le Nouvel Art du temps*, Albin Michel, 2000.

Tammet D., *Embrassez le ciel immense*, Les Arènes, 2009.

Thevenet M., *Manager en temps de crise*, Eyrolles, 2009.

Van den Bulke P., *Le Manager relationnel*, Dunod, 2007.

Vassal O., *Crise du sens – Défis du management*, Village mondial, 2005.

Annexe

QUIZ ÊTES-VOUS UN VRAI CERVEAU ?

1. Les comportements automatiques et de défense sont des manifestations du cortex.

☐ Vrai ☐ Faux

2. Le reptilien est le siège de notre affectivité et de notre émotivité.

☐ Vrai ☐ Faux

3. Le cortex est le lieu de la pensée, de la réflexion et du langage.

☐ Vrai ☐ Faux

4. Quand nos émotions nous dépassent, c'est que le limbique retient des informations.

☐ Vrai ☐ Faux

5. Le cortex tempère nos émotions et nos pulsions.

☐ Vrai ☐ Faux

6. Le cerveau droit exprime une idée avec des images.

☐ Vrai ☐ Faux

7. Le cerveau droit est analytique et a une approche rationnelle.

☐ Vrai ☐ Faux

8. Le besoin d'appartenir à un groupe provient du reptilien et du cortex.

☐ Vrai ☐ Faux

9. Le siège de la mémoire est situé dans le limbique.

☐ Vrai ☐ Faux

10. Le limbique est au cortex ce que la secrétaire est à son patron.

☐ Vrai ☐ Faux

Corrigé du Quiz

1. ***Les comportements automatiques et de défense sont des manifestations du cortex.***

   Faux – Les comportements automatiques viennent de notre reptilien siège de l'instinct de survie. C'est lui qui quand il se sent en danger actionne notre système de défense.

2. ***Le reptilien est le siège de notre affectivité et de notre émotivité.***

   Faux – Le siège de notre affectivité et de notre émotivité est situé dans le limbique.

3. ***Le cortex est le lieu de la pensée, de la réflexion et du langage.***

   Vrai – C'est le cortex lien de la réflexion qui permet de choisir quel comportement avoir en triant, en valorisant toutes les informations.

4. ***Quand nos émotions nous dépassent c'est que le limbique retient des informations.***

   Vrai – Toutes les informations passent par le limbique et sont filtrées. Quand l'émotion est trop forte, le limbique sature et ne laisse plus passer les informations dans le cortex.

5. ***Le cortex tempère nos émotions et nos pulsions.***

   Vrai – c'est le cortex qui nous permet d'apaiser et de contrôler nos émotions et nos pulsions.

6. ***Le cerveau droit exprime une idée avec des images.***

   Vrai – L'hémisphère droit fonctionne par images, c'est le lieu de notre imagination.

7. ***Le cerveau droit est analytique et a une approche rationnelle.***

   Faux – C'est l'hémisphère gauche qui prend chaque élément l'un après l'autre pour comprendre et prendre une décision. Il rationalise tout en s'appuyant sur des faits, des preuves.

8. ***Le besoin d'appartenir à un groupe provient du reptilien et du cortex.***

Faux – Le besoin d'appartenir à un groupe provient de notre limbique, siège de nos émotions.

9. ***Le siège de la mémoire est situé dans le limbique.***

Vrai – Le limbique est le siège de notre mémoire à long terme. Il associe un événement à une émotion ressentie. On se souvient longtemps de quelque chose associée à une émotion, une odeur, une sensation…

10. ***Le limbique est au cortex ce que la secrétaire est à son patron.***

Vrai – Tout simplement une des missions d'une secrétaire est de filtrer les informations pour son patron. Elle est la mémoire de son patron. C'est bien sûr la seule explication valable pour cette affirmation.

054116 - (I) - (2,2) - OSB 80° - IDT - GCO

Imprimerie Nouvelle
45800 Saint-Jean de Braye
N° d'Imprimeur : 430922K
Dépôt légal : avril 2010

Imprimé en France